我国公共体育服务
财政投入研究

Research on
China's Financial Investment in Public Sports Service

李燕领 邱 鹏 张新奥 著

上海交通大学出版社
SHANGHAI JIAO TONG UNIVERSITY PRESS

内容提要

　　本书主要对我国公共财政投入和体育财政体制的变迁进行纵向梳理,对我国政府在公共体育财政投入中的事权和财权关系进行分析,梳理、总结我国公共体育服务财政投入的主要特征,在此基础上,针对公共体育服务财政投入(规模、结构、效率与均等化)存在的问题,提出优化的对策,以期为政府体育工作部门制定政策提供参考。

　　本书适合体育工作者、体育公共服务管理部门人员阅读。

图书在版编目(CIP)数据

　　我国公共体育服务财政投入研究 / 李燕领,邱鹏,张新奥著. —上海:上海交通大学出版社,2022.8
　　ISBN 978 - 7 - 313 - 24322 - 5

　　Ⅰ. ①我… Ⅱ. ①李… ②邱… ③张… Ⅲ. ①群众体育-公共服务-财政支出-研究-中国 Ⅳ. ①G812.4

　　中国版本图书馆 CIP 数据核字(2022)第 032178 号

我国公共体育服务财政投入研究
WOGUO GONGGONG TIYU FUWU CAIZHENG TOURU YANJIU

著　　者:李燕领　邱　鹏　张新奥
出版发行:上海交通大学出版社　　　　　　地　　址:上海市番禺路 951 号
邮政编码:200030　　　　　　　　　　　　电　　话:021 - 64071208
印　　制:苏州市古得堡数码印刷有限公司　经　　销:全国新华书店
开　　本:710 mm×1000 mm　1/16　　　　印　　张:14
字　　数:219 千字
版　　次:2022 年 8 月第 1 版　　　　　　印　　次:2022 年 8 月第 1 次印刷
书　　号:ISBN 978 - 7 - 313 - 24322 - 5
定　　价:88.00 元

前　言

当前,我国公共体育服务事业发展迅速,呈现出欣欣向荣的发展态势。近年来,我国各级政府重视并加大了对公共体育服务财政投入的力度,而针对公共体育服务财政投入的规模、结构与效率的评价也逐渐成为学术界和政府决策部门非常关注的一个热点问题。与此同时,现阶段,我国体育财政管理体制仍然不够完善,管理机制不够健全、投入结构不合理、财政资金使用不明确等问题日渐凸显,在一定程度上影响了我国公共体育服务发展。体育财政投入就是以国家为主体、以体育财政的事权为依据进行的一种体育财政资金分配活动,集中反映了国家的职能活动范围及其所发生的耗费。本书通过梳理2011—2015 年我国公共体育服务财政投入的规模、结构、效率与均等化情况,力求全面客观分析并把握当前我国公共体育服务财政投入状况,并基于现实问题提出相应的优化对策,这对于完善与调整我国政府在公共体育服务投入上的规模与结构,提高我国当前公共体育服务财政投入效率,从而促使公共体育服务财政投入更加合理科学具有重要意义。

本书以我国大陆 31 个省、市、自治区(不含港澳台)为研究对象,分东部、中部、西部三个区域,进行系统的对比和分析。关于三个区域的划分,这里特别说明一下,我国划分东部、中部、西部三个地区的时间始于 1986 年,由全国人大六届四次会议通过的"七五"计划正式公布,东部地区包括北京、天津、河北、辽宁、上海、江苏、福建、山东、广东和海南 11 个省(市);中部地区包括山西、内蒙古、吉林、黑龙江、安徽、江西、河南、湖北、湖南、广西 10 个省(自治区);西部地区包括四川、贵州、云南、西藏、陕西、甘肃、青海、宁夏、新疆 9 个省

（自治区）。根据国家发改委的解释，我国东、中、西部的划分是政策上的划分，而不是行政区划，也不是地理概念上的划分。1997 年，全国人大八届五次会议决定将重庆设为中央直辖市，并划入西部地区的范围，这样，西部地区由原来的 9 个增加到 10 个省（直辖市，自治区）。由于内蒙古和广西两个自治区近几年的人均国内生产总值水平正好相当于西部 10 个省（直辖市，自治区）的平均状况，与其他中部地区有一定的差距，因此，2000 年国家制定的西部大开发中享受优惠政策的范围又增加了内蒙古和广西。

本书按照以上分类方法，东部地区包括 11 个省级行政区，分别是北京、天津、河北、辽宁、上海、江苏、附件、山东、广东和海南；中部地区包括 8 个省级行政区，分别是黑龙江、吉林、山西、安徽、江西、河南、湖北、湖南；西部地区包括 12 个省级行政区，分别是四川、重庆、贵州、云南、西藏、陕西、甘肃、青海、宁夏、新疆、广西、内蒙古。以此为依据展开研究，具体包括以下几个方面的内容。

（1）从纵向时间维度系统梳理我国体育财政体制和公共财政投入的变迁，着重对我国政府在体育财政投入中的事权和财权关系进行分析，提炼出我国公共体育服务财政投入的主要特征。

（2）介绍美国、英国、日本、德国、澳大利亚等发达国家公共体育服务财政投入的现状及其特点，以供我国公共体育服务财政投入研究或决策时做借鉴。

（3）从公共体育服务财政投入规模出发，全面分析当前我国公共体育服务财政投入的绝对规模与相对规模，进而为分析我国公共体育服务财政投入结构奠定基础。

（4）从横向维度剖析我国公共体育服务投入结构，包括中央与地方投入结构、区域之间投入结构和公共体育服务的支出结构，为优化我国公共体育服务支出的结构和规模提供实践依据。

（5）对我国公共体育服务财政投入效率进行全景分析，将公共体育服务财政投入的动态效率和静态效率结合起来，评价我国公共体育服务财政投入的效率。为解决当前我国公共体育服务财政投入效率低下的问题提供参考。

（6）从我国公共体育服务财政投入均等化角度出发，分析我国公共体育服务财政资源配置均等化现实状况。将地方政府公共体育服务支出、地方政府财政一般预算支出、地方体育社会组织数、地方社会体育指导员数、地方国民体质监测站、地方参加国民体质监测人数、地方新增体育场地面积作为我国公共体育服务财政投入资源配置均等化的 7 个指标进行了测度与评价分析。

（7）针对我国公共体育服务财政投入（规模、结构、效率与均等化）存在的问题，全面系统地提出优化财政投入的对策。

本书具体得出以下结论。

第一，我国公共体育服务财政支出绝对规模总体上呈现出逐年递增的态势，但没有形成稳定的增长机制，起伏不定，既有大幅度的增长也有大幅度的下降，主要根据政府需求和群众意愿进行调整。

第二，从公共体育服务财政支出相对规模来看，呈现出逐年下降的趋势。公共体育服务财政支出占国家财政支出、占 GDP 的比值逐年下降，与科教文卫财政支出相比，公共体育服务财政支出所占的比例最低，这与当前国家积极实施的体育强国战略与公共体育服务均等化政策导向不相符。

第三，我国公共体育服务财政投入结构不尽合理，有待优化调整。地方财权和事权不匹配，导致地方政府体育财政投入不足，从事公共体育服务建设有心无力，相关的公共体育服务基础设施建设无法普及；且各省、自治区、直辖市（简称省份）人均公共体育服务经费支出差距较大。

总之，现阶段，我国公共体育服务财政投入仍然存在总体投入力度不够和数量不足、投入和产出效益不高、各级政府间体育事权与财权责任不明晰、基层政府体育财力薄弱等一系列问题。各级政府体育管理部门要把公共体育服务体系建设作为政府的重要职责，把公共体育服务财政投入建设资金纳入财政预算、纳入国民经济和社会发展规划、纳入各级政府民生项目中去，优化资源配置，提高财政资金的使用效率，从而完善公共体育服务保障机制，促进我国公共体育服务财政投入的优化。

目　录

第一章
导　论

体育已成为现代社会发展和人类进步的重要标志之一,从某种程度上讲更是国家综合实力和文化软实力的重要体现,肩负着富国强民的历史使命。

第一节　研　究　背　景

党的十八大以来,以习近平同志为核心的党中央高度重视体育工作,从国家发展战略和经济社会发展全局的高度部署和推动体育事业改革发展[①]。为了更快、更好地发展我国体育事业,更好地履行国家和社会赋予体育的各项职能,落实以人为本的体育发展观,实现由体育大国向体育强国的转变,我国颁布了一系列有关体育事业发展的政策、法律规范,这为我国公共体育事业的发展提供了完善的政策保障和法律层面的支持。例如,1995 年 8 月我国颁布的《中华人民共和国体育法》(以下简称《体育法》),明确规定了政府在体育事业发展中的责任[②],即随着国民经济的发展,各级人民政府要逐步增加对体育事业的投入;2003年颁布的《公共文化体育设施条例》进一步强调:各级人民政府的公共文化体育设施的建设、维修、管理资金,应当列入本级人民政府基本建设投资计划和财政预算;2007 年发布《中共中央　国务院关于加强青少年体育增强青少年体质的意

---

① 黄永平.坚持办人民群众满意的体育[N].中国体育报,2017-09-11(007).
② 周东华,兰自力.我国公共体育服务财政政策法规发展脉络、执行现状及对策研究[J].山东体育学院学报,2017,33(06):31-36.

见》，提出加大体育事业尤其是中小学体育设施建设的投入，中央设立专项资金，实施"全国亿万学生阳光体育运动"器材支持项目，帮助义务教育阶段中西部农村学校配备体育活动器材，把义务教育阶段学生健康体检的费用纳入义务教育经费保障机制，其他学生由省级政府制定统一的费用标准和解决办法，学校要切实保障体育卫生工作的正常开展，所需经费从公用经费中提取和安排；2009 年国务院颁布的《全民健身条例》再次确认：县级以上地方人民政府应当将全民健身事业纳入本级国民经济和社会发展规划，并随着国民经济的发展逐步增加对全民健身的投入。2014 年全民健身上升为国家战略，2016 年《"健康中国 2030"规划纲要》印发，为体育发展提供了新机遇[①]。《体育事业发展"十二五"规划》明确指出加快完善公共体育服务体系，提高公共体育服务水平。2016 年 6 月，国务院印发《全民健身计划（2016—2020 年）》，要求加大资金投入与保障，建立多元化资金筹集机制，并指出，县级以上地方人民政府应当将全民健身工作相关经费纳入财政预算，并随着国民经济的发展逐步增加对全民健身的投入[②]。

2017 年 12 月，农业部和国家体育总局联合发布《关于进一步加强农民体育工作的指导意见》，明确指出要多渠道加大农民体育工作经费投入；体育部门要加大彩票公益金支持农民体育事业的力度，将农民体育服务事项纳入政府购买全民健身公共服务目录，并增加对农村基层文化体育组织和农民体育赛事活动购买的比重；各级体育社团组织和农业部门要积极向当地政府、有关部门争取农民体育工作经费，不断增强农村体育基层公共服务能力，完善城乡一体化的体育公共服务体系，并进一步扩大农民体育工作经费在全民健身投入中的份额和比重。按照财政部《中央补助地方公共文化服务体系建设专项资金管理暂行办法》《中央补助地方农村文化建设专项资金管理暂行办法》的要求，落实行政村体育设施维护和开展体育活动的基本补助，其中农村体育活动每个行政村每年1 200 元，确保落实到村，专款专用；鼓励社团企业等社会力量捐赠，共同促进农民体育事业发展[③]。2018 年 1 月，群众体育司发布《关于进一步加强少数民族传统体育工作的指导意见》，要求对少数民族传统体育工作加强政策扶持，加大资金

---

① 俞丽萍.体育公共服务均等化的财政分析[J].体育文化导刊，2012(07)：9－12＋17.
② 中央政府门户网站.国务院印发《全民健身计划（2016—2020 年）》[EB/OL].（2016－06－23）[2020－10－05].http://www.gov.cn/xinwen/2016-06/23/content_5084638.htm.
③ 农业部，国家体育总局.关于进一步加强农民体育工作的指导意见[J].农民科技培训，2018(02)：44－47.

支持。文件指出,各级体育、民族工作部门要积极争取本级人民政府加大对少数民族传统体育工作的支持力度,并利用现有资金渠道支持少数民族传统体育事业发展;各级民族工作部门每年要统筹安排少数民族传统体育专项经费,体育部门每年要在彩票公益金中专门安排少数民族传统体育专项经费,用于发展少数民族传统体育事业;发挥彩票公益金等资金投入的引导和激励作用,调动社会力量积极性,鼓励社会各界资助少数民族传统体育事业,扩大经费来源,建立健全多元化、可持续的少数民族传统体育经费保障机制和投入机制①。

以上各项政策和法律规范,体现了国家对体育工作的高度重视,这对于推动体育事业与公共体育服务协调发展,满足人民群众多样化的公共体育服务需求具有重要意义。

改革开放 40 多年来,我国社会经济快速发展,各项事业取得了令人瞩目的成绩,但是体育与社会经济如何协调发展仍然是我国和谐社会建设中的一个关键命题。在我国经济发展的新常态下,财政增速逐渐放缓,这给非经济增长型的公共体育服务财政供给增加了困难。当前我国的公共体育服务供给中,初步形成了企业、个人、非营利组织等多种市场和社会主体参与的局面,但政府的财政投入仍然是公共体育服务最主要的来源,特别是基本公共体育服务项目几乎完全依靠政府财政投入。所以,政府财政投入从某种程度上来讲,决定了公共体育服务水平。随着社会经济的快速发展,各级政府可支配的资金逐年增加,公共体育服务的财政投入也呈现逐年稳步增长的趋势。根据《中国统计年鉴》(2009—2011 年)统计数据,我国群众体育经费投入,2009 年为211 944.4万元,2010 年为 223 684.8 万元,2011 年为 266 174 万元,但总量仍然不足,主要表现在两个方面。一是人均公共体育服务经费不足。我国人均群众体育经费,2009 年为 1.59 元,2010 年为 1.67 元,2011 年为 1.97 元,虽然人均经费投入稳步提升,但仍然不足 2 元,尤其是西部欠发达地区经费更加短缺,完全不能满足基本公共体育服务需求。二是群众体育经费投入占体育事业经费比例较小。虽然当前公共体育服务价值与功能逐渐引起社会重视,但是其在体育事业投入中所占比重没有获得与竞技体育、学校体育

---

① 群众体育司.关于进一步加强少数民族传统体育工作的指导意见[EB/OL].(2018－01－22)[2020－10－05].http://www.sport.gov.cn/n316/n340/c844431/content.html.

等相同的地位。①

体育事业经费占全国 GDP 和财政支出的比例在 1998—2015 年持续走低,体育事业经费常年只占到全国 GDP 的 0.05% 和财政支出的 0.2% 左右,而大多数发达国家的体育事业发展经费超过本国 GDP 的 1%,两者差距甚大。2017 年 1 月,国家发展改革委和体育总局《"十三五"公共体育普及工程实施方案》指出,我国公共体育设施普及程度仍然较低,服务设施未能满足群众快速增长的体育健身需求。除此之外,公共体育服务财政投入的质量较低、数量不足以及投入和产出效能不佳,东中西部财政收入与支出不对称,投入的形式较为单一,不具有较强的针对性,匹配人群不衔接,省级以下的政府间体育事权与财权不清晰,基层政府体育财政经费短缺等一系列问题凸显。因此,提升我国公共体育服务的质量、优化公共体育服务的财政投入结构、提高公共体育服务财政投入效率、强化公共体育服务财政投入均等化成为社会主义新时代发展必须面对的现实问题,也是社会公众对公共体育服务的迫切需要。

第二节　研　究　意　义

现阶段,我国公共体育服务财政投入仍存在总体投入力度不够和数量不足、投入和产出效益不高、各级政府间体育事权与财权责任尚不明晰、基层政府体育财力薄弱等一系列问题。体育财政投入就是以国家为主体,以体育财政的事权为依据进行的一种体育财政资金分配活动,集中反映了国家的职能活动范围及其所发生的耗费。因此,系统分析我国公共体育服务财政投入的规模、结构与效率,进而提出改进对策有着重要的现实意义。

第一,社会经济的快速发展是我国公共体育服务得以稳步发展的坚实基础,公共体育服务的发展更需要政府和社会投入大量的人力、财力、物力与信息等资源,才有可能满足社会公众公共体育服务的多种需求。所以,研究当前我国公共体育服务财政投入情况是完善和发展我国公共体育服务体系的重要前提和基础。

① 花楷,兰自力,刘志云.我国体育公共服务财政投入现状、问题与对策[J].天津体育学院学报,2014,29(06):473-477+495.

第二,公共体育服务是典型的公共产品,需要政府财政投入对其进行保障。研究分析当前我国公共体育服务财政投入的制度和体系具有重要的现实意义,更是提高我国公共体育服务财政投入水平、优化公共体育服务财政投入结构的首要前提。

第三,分析我国公共体育服务财政投入现状(规模、结构、效率与区域均等化差异),可为调整我国公共体育服务财政投入规模,优化我国公共体育服务财政投入结构,提高我国公共体育财政投入效率,实现公平、公正、高效的公共体育服务的公共财政投入,促进政府部门公共体育服务事业发展建言献策。

第三节　文　献　综　述

一、相关概念界定

(一)公共服务

公共服务的概念比较广泛,代表着一个国家社会成员的总体需要,反映了大众的利益。为了维护国家的运转和发展,政府须调配公共资源不断满足社会成员对公共服务的需求,促进整个社会和谐健康发展①。

公共服务在提供过程中体现的是公民权利与国家责任之间的公共关系。公共服务是为了满足社会成员的需要,为社会成员参与经济政治文化活动提供保障的②。从行动理论的逻辑出发,美国学者罗纳德·奥克森(2011)认为公共服务是一系列集体选择行为的总称③。从价值解释角度出发,我国学者李军鹏(2013)认为公共服务是政府为满足社会公众需求而提供的产品与服务的总称④。从内容解释角度看,有学者认为公共服务就是使用了公共权利或公共资源的社会生产过程;从职能解释角度看,有人认为公共服务就是政府满足社会公共需要的实际生产活动或职能之一,广义的公共服务就是政府从事所有的公共活动。曹爱军(2019)认为公共服务是指公共部门(主要是政府)为满足社

---

① 赵卿.财政支出视角下贵州省基本公共服务均等化问题研究[D].贵阳:贵州大学,2017.
② 褚谨.新疆城乡基本公共服务均等化问题与对策研究[D].乌鲁木齐:新疆大学,2017.
③ Zhu, X. Ronald J. Oxon's Governance of Local Public Economy Theory and Its Enlightenment[J]. Administration and Law, 2011, 7: 58.
④ 吴惠.泰兴市城乡体育公共服务均等化研究[D].扬州:扬州大学,2017.

会公共需要,保障公民权利而进行的公共产品或服务的提供,它以人民福祉的增进和社会福利的改善为目的[①]。陈昌盛、蔡跃洲(2007)提出"公共服务通常指在一定社会共识基础上,一国全体公民不论其种族、收入和地位差异如何,都应公平、普遍享有的服务"[②]。方堃(2010)认为,公共服务是指以政府为代表的公共部门和其他治理主体为满足社会公共需要,整合公共权力和公共资源,通过各种机制及方式,提供物质形态或非物质形态的公共物品和服务,以实现公共利益为目标的行为的总称[③]。而这种基于公共利益对公共服务的界定相对于传统语境下依据物品属性进行的界定有了一定的突破。学者陈力(2007)从广义和狭义两个层面界定了公共服务概念,他认为,从狭义上讲,公共服务是指政府公共服务,而从广义上讲,公共服务是指政府组织及社会其他组织,以社会公共利益为目的,提供各种共同需要的有形或无形服务产品的活动(包括纯公共产品、混合性公共产品以及特殊私人产品)[④]。此外,还有一些学者对公共服务的能力和质量进行了界定。胡志明等(2020)对公共服务能力概念的界定为:社会公共组织通过获取、配置、运用资源,识别公众需求并进行服务供给,来提升公众满意度并不断自我优化的本领[⑤]。陈朝兵(2019)认为基本公共服务质量是基本公共服务提供过程及结果中的固有特性满足相关规定要求和社会公众要求的程度[⑥]。

综上所述,公共服务是指政府部门与社会力量相互合作、协调配合,生产与提供社会全体公民具有共同消费需求的,并能平等无差异化地享受的社会产品与服务,其目标是满足全体公民的公共利益的需要。政府作为体育公共服务的执行主体,肩负着为人民服务的重担。公共服务中包含着一定的价值判断,而纯粹经济学意义上严格的"非竞争性和非排他性"的公共产品则缺乏价值判断的意蕴。当然,追求公共利益是政府公共服务问题研究的重点,公共服务的概念比公共产品更加广泛,强调社会的公正和覆盖面,注重公共权利的

① 曹爱军.当代中国公共服务的话语逻辑与概念阐释[J].吉首大学学报(社会科学版),2019,40(02):55－62.
② 陈昌盛,蔡跃洲.中国政府公共服务:体制变迁与地区综合评估[M].北京:中国社会科学出版社,2007.
③ 方堃.当代中国新型农村公共服务体系研究[M].北京:中国社会科学出版社,2010.
④ 陈力.区分公共服务与经营性服务的理论思考[J].中国人才,2007(10):26－28.
⑤ 胡志明,程灏,刘旭然.公共服务能力概念界定及要素解析——基于扎根理论范式的质性研究[J].电子科技大学学报,2020(02):54－59.
⑥ 陈朝兵.基本公共服务质量:概念界定、构成要素与特质属性[J].首都经济贸易大学学报,2019,21(03):65－71.

实现。政府成为公共利益的代表,其职责是促进公共利益的实现。政府虽然在公共服务供给中承担着重要责任,但公共服务的复杂性使得单独依靠政府难以提供足够的公共服务,将公共服务的提供者与生产者相分离成为世界的潮流和实践选择。私营部门和社会组织日益成为公共服务不可或缺的提供主体。当然,政府仍然是公共服务供给中最核心、最重要的责任主体。因此,笔者认为,公共服务是指由政府部门、市场组织及其他社会组织以社会公共利益为目的,为满足社会公共需要而提供的各种公共物品和服务;同时,公共服务与公共财政有着紧密的关系。德国社会政策学派的代表瓦格纳的观点①充分说明政府具有提供公共服务的职能,而执行这一职能需要政府财政支出予以资金保障。公共财政是市场与政府妥协的结果,公共财政的完整性既取决于市场体制的发育程度与现状,也取决于政府体制的历史形成与现实情况。

(二)公共体育服务

肖林鹏等(2007)认为,公共体育服务是公共组织为满足公众体育需求而提供的公共物品或混合物品②。王才兴(2008)认为,公共体育服务核心任务是向群众提供基本的公共体育服务及体育产品,以保障群众的体育权利得到实现③。王艳、戴健(2009)认为,公共体育服务是指公共体育组织和公共体育服务人员为社会公众的体育活动所提供的体育产品和体育劳务④。刘玉(2010)认为,公共体育服务是在政府主导下,由政府、社会和个人主体共同提供的,为满足各种公共体育需求而提供的各种体育产品和行为的总称⑤。王家宏(2016)认为,公共体育服务是提供体育公共产品和服务行为的总称,包括加强体育公共设施建设、发展体育公共事业、发布体育公共信息等,为丰富社会公

---

① 王美涵.税收大辞典[M].沈阳:辽宁人民出版社,1991.
② 肖林鹏,李宗浩,杨晓晨.公共体育服务概念及其理论分析[J].天津体育学院学报,2007(02):97 - 101.
③ 王才兴.构建完善的公共体育服务体系[J].体育科研,2008(02):1 - 13.
④ 王艳,戴健.浅析政府在群众性体育赛事发展中的职能职责[A]//国家体育总局,中国体育科学学会. 全民健身科学大会论文摘要集,2009.
⑤ 刘玉.论社会转型期我国公共体育服务的内涵、特性与分类框架[J].成都体育学院学报,2010,36 (10):1 - 4.

众生活和参与社会体育活动提供社会保障和创造条件①。汤际澜(2011)认为，公共体育服务是以提供公共体育产品为核心，对公共体育产品内容加以确定、利用公平而有效的供给并对供给行为进行绩效评价的综合社会活动，其中，国家财政是政府公共体育服务供给的源头，这也彰显了政府在公共体育服务供给中不可或缺的重要地位，而政府提供公共体育服务的目的是满足广大人民群众日益增长的多元化公共体育服务需要，其提供的形式与方式是公共体育产品或免费的公共体育服务，核心是追求均等化、公平和公正②。陈斌、韩会君(2015)采用"种差"＋"临近属"的规则来定义公共体育服务的概念，认为公共体育服务与公共文化服务、公共教育服务等属于同一抽象层面；"种差"是公民体育需求，"公共服务"是"公共体育服务"的"临近属"，公共体育服务就是为满足公民体育需求而生产的公共服务③。王静宜、刘璐(2016)认为，我国公共体育服务概念的主要内涵是"政府主导""公共组织""公共体育产品"以及"供给模式"；国外公共体育服务概念的主要内涵是"三方(政府、第三方机构与个人)共治""竞争性与非竞争性市场""效率与公平"与"营利性与非营利性服务产品"④。袁新锋等(2019)认为，公共体育服务质量是政府及相关组织提供公共体育服务过程及结果的特质属性满足相关规定要求和社会公众需求的程度⑤。

综上所述，以上研究主要集中在公共体育服务由谁供给、通过什么方式供给，包括供给哪些服务与产品以及供给群体受益范围等方面。笔者认为公共体育服务是政府部门和社会力量共同合作、配合，生产或提供体育产品和服务，包括体育场地设施建设、体育社会组织的扶持、国民体质监测站的建设及维护、社会体育指导员的培育等，供给对象是社会公民，其中城市弱势群体、农民工、偏远贫穷落后地区的群体是公共体育服务重要对象，而财政投入则是政府部门供给公共体育服务的主要经费来源。

① 王家宏.我国公共体育服务体系研究[M].苏州：苏州大学出版社,2016.
② 汤际澜.我国基本公共体育服务均等化研究[D].苏州：苏州大学,2011.
③ 陈斌,韩会君.公共体育服务概念的科学认识——基于术语学的视阈[J].广州体育学院学报,2015,35(02)：7-11.
④ 王静宜,刘璐.国内外公共体育服务概念内涵的比较与启示[J].云南行政学院学报,2016,18(05)：144-147.
⑤ 袁新锋,张瑞林,王飞,等.公共体育服务质量：概念界定与影响因素分析[J].天津体育学院学报,2019,34(03)：232-237.

(三) 公共体育服务供给

目前,学者对国内公共体育服务供给模式已形成了共识,即以政府为主、社会力量为辅的多元化供给模式。肖林鹏(2008)认为,谁来供给、供给什么、如何供给是我国公共体育服务供给面临的三个基本问题[①]。体育行政部门、准政府组织、非政府组织、企业、个人等都可以作为公共体育服务供给的主体,供给的内容取决于居民对公共体育的需求,供给的方式主要包括政府供给、市场供给和志愿供给三种。郇昌店(2008)和樊炳有(2009)认为,公共体育服务供给不是以"市场主体"取代"政府主体",而是以"竞争"取代"垄断",应当"采用公共体育服务供给主体多元竞争机制"[②][③]。晏绍文、秦小平(2011)认为,公共体育服务应当由政府来提供,但并不意味着就应当唯一由政府来提供,政府应采取各种手段调动社会力量参与的积极性[④]。比如,完善财政政策、制定法律规范等,鼓励非政府组织如企业、个人和非营利性的社会组织等参与公共体育服务供给,形成公共体育服务供给主体的多元化,为社会公众提供多样化、个性化的公共体育服务[⑤]。在公共体育服务供给路径的探索上,赵慧娣(2018)认为,新时代背景下公共体育服务供给侧结构优化的路径有推进公共体育服务体系共建共享,创新公共体育服务供给方式,完善公共体育服务多元主体协同治理体系[⑥]。顾雪等(2019)指出,要以社会服务为导向,逐步地建立健全各项公共体育服务的法律制度,大力推广 PPP 模式,增加公共体育服务的有效供给,加快公共体育服务的法制化建设[⑦]。张滨(2019)指出,宏观调控视域下我国公共体育服务供给有效实施路径有:坚持市场与计划相结合的原则,加快完善体育法相关配套措施,将国家宏观调控政策逐步上升到法律法规层面,完善宏观调控手段和相关法律制度,如利用计划、财政、税收等的调控。[⑧] 总之,上述学者主要对公共体育服务供给主体和路径进行了探讨。笔者认为,公共体育服务供给是以政府

① 肖林鹏.论我国公共体育服务供给的基本问题[J].体育文化导刊,2008(01):10-12.
② 郇昌店.我国公共体育服务供给市场化运作方式研究[D].天津:天津体育学院,2008.
③ 樊炳有.我国公共体育服务供给制度及实践路径选择探讨[J].体育与科学,2009,30(04):27-31+26.
④ 晏绍文,秦小平.公共体育服务多元化供给研究[J].湖州师范学院学报,2011,33(01):69-74.
⑤ 郑伟勇.公共体育服务供给模式研究[D].泰安:山东农业大学,2013.
⑥ 赵慧娣.新时代背景下公共体育服务供给侧结构优化路径研究[J].体育与科学,2018,39(02):20-26.
⑦ 顾雪,李国金,藏威.城市公共体育服务供给创新研究[J].当代体育科技,2019,9(12):174-175.
⑧ 张滨.基于宏观调控法视域的公共体育服务供给的有效实施路径分析[J].西安体育学院学报,2019,36(02):143-146.

为主导,市场力量、社会力量参与的,合作竞争为辅的社会主义市场经济体制下的供给格局。这种供给格局现阶段比较符合我国公共体育服务现实状况。

(四) 公共财政与公共财政收入

公共财政的基本属性是公共性。高培勇(2000)认为,公共财政是指为满足社会公共需要而进行的政府财政收支活动。① 梁朋(2012)认为,公共财政是指国家(政府)集中一部分社会资源,为市场提供公共物品和服务,满足社会公共需要的分配活动或经济行为。② 公共财政就是市场经济下政府的财政,公共财政实质是市场经济财政。在市场经济体制下,社会资源和生产要素的重新组合一般都是通过市场机制来解决的,财政实质上是一种“公共”财政。公共财政在国民经济中占有重要地位,它对依法促进公平分配、调控宏观经济、合理配置市场资源、做好国有资产管理,起着不可代替的作用。正确认识推行公共财政的意义,明确其特征,找出当前推行的公共财政中存在的问题,有着十分重大的现实意义。

公共财政收入,主要是指政府为了供应公共活动支出的需要,履行政府的公共管理、公共服务以及国民经济的市场化管理等职能而从企业、家庭、个人等社会目标群体中获得的一切货币收入的总和。公共财政收入的规模在很大程度上决定着公共财政支出的规模,从而决定着政府活动的范围,进而影响一个国家的经济增长和社会发展。因此,各国政府都十分重视对公共财政收入的管理,科学设定财政收入的规模、结构,明确规定财政收入的范围、形式,建立规范的公共财政收入制度以实现政府的经济意志,促进公共财政分配的科学化和规范化,有效实现政府的各项管理职能。公共财政收入一般包括税收、公债、非税收入三种形式。税收是政府为了履行其职能,凭借政治权力,按照法律预先规定的标准,强制地、无偿地获得财政收入的一种形式。在现代市场经济条件下,税收是政府调节经济和进行宏观调控的重要政策工具。公债是政府在资金持有者自愿的基础上,按照信用原则,有偿地获取公共收入的一种手段。相比于由法律预先规定的税收而言,政府可以根据公共收支的状况,更加灵活地确定是否需要发行公债来调节经济、平衡收支。非税收入包括政府性基金、公共收费、罚没

---

① 高培勇.公共财政的基本特征[J].涉外税务,2000(08):1.
② 梁朋.公共财政学[M].北京:首都经济贸易大学出版社,2012.

收入、特许权收入、国有资产收益、境内外机构和个人的捐赠等多种形式。财政收入是国家财政参与社会产品分配所取得的收入，是实现国家职能的财力保证。财政收入按现行分税制财政体制划分为中央本级收入和地方本级收入。

（五）公共财政支出

公共财政支出是指国家财政将筹集起来的资金进行分配使用，以满足经济建设和各项事业的需要，主要包括一般公共服务、外交、国防、公共安全、教育、科学技术、文化体育与传媒、社会保障和就业、医疗卫生、环境保护、城乡社区事务、农林水事务、交通运输、资源勘探电力信息、商业服务、金融监管支出、国土气象事务、住房保障支出、粮油物资储备管理事务、国债付息支出等方面的支出。财政支出根据政府在经济和社会活动中的不同职权，划分为中央财政支出和地方财政支出。[①]

按与市场关系分类，支出主要包括购买性支出和转移性支出。

1. 购买性支出

购买性支出基本上反映了社会资源和要素中由政府直接配置与消耗的份额，因而是公共财政履行效率、公平和稳定三大职能的直接体现。

（1）购买性支出直接形成社会资源和要素的配置，因而其规模和结构等大致体现了政府直接介入资源配置的范围和力度，是公共财政对于效率职能的直接履行。而购买性支出能否符合市场效率准则的根本要求，是公共财政活动是否具有效率性的直接标志。

（2）购买性支出中的投资性支出，将对社会福利分布状态产生直接影响，因而是公共财政履行公平职能的一个重要内容。

（3）购买性支出直接引起市场供需对比状态的变化，直接影响经济周期的运行状况，因而是政府财政政策抉择运作的基本手段之一，是公共财政履行稳定职能的直接表现。为此，必须正确把握财政的购买性支出对市场均衡状态的影响，以确保政府正确实施财政政策。

2. 转移性支出

所谓转移性支出，是指政府将钱款单方面转移给受领者的支出活动。转

---

① 中国官方财政主要统计指标解释，互联网文档资源（http://wenku.baidu.c）。

移性支出主要由社会保障支出和财政补贴支出等组成。转移性支出形成的货币流，并不直接对市场提出购买要求，即不直接形成购买产品或劳务的活动。转移性支出过程：政府→私人和企业→市场。转移性支出所提供的货币，直接交给私人和企业，而不是由政府单位直接使用。至于私人和企业是否使用和如何使用这些钱款，则基本上由其自主决定，尽管政府能够提供一定的制度约束，但并不能直接决定其购买行为。

公共支出按政府的职能分类，也就是按政府支出的费用类别分类，可以分为投资性支出、教科文卫等事业发展支出、国家行政费用支出、各项补贴支出和其他支出等。按政府职能对公共支出进行分类，能够清晰、全面、具体地反映政府执行了哪些职能及其政策的侧重点，能够对一个国家的公共支出结构进行动态分析，从而看出该国的政府职能结构和内容发生了怎样的演进，有助于预测未来公共支出的发展变化趋势。按职能分类还可用于对政府执行经济和社会职能的程度进行横向国际比较，揭示各个国家的各项政府职能的构成及其差异。随着我国市场经济体制改革的不断深化，公共支出也呈现出市场经济的主要特征。

公共支出按照使用部门，亦即按政府组织机构分类，表现出其在政府各部门之间的配置结构。不同时期、不同国家的政府组织机构是不同的。目前，我国政府支出按其使用部门来考察，主要用于工业、农业、林业、水利、交通、邮电、商业、物资、文化、教育、科学、卫生、国防、行政等部门的支出。

这里，有必要对支出和投入进行简单的区分。财政投入是以国家投入为主体，通过政府的收支，集中一部分社会资源，用于履行政府职能和满足社会公众需求的经济活动，也是政府为了支持国家产业、行业政策等而支出的资金。由此可以得出，关于公共体育服务财政投入，我国主要是以中央政府与地方政府财政支出为主体，以体育公共财政分配的事权为依据，进行体育财政资金分配的，反映了国家体育职能活动的范围与重点。体育财政投入一般可以分为直接投入和间接投入，财政直接投入是指政府通过财政预算直接划拨，主要包括财政补贴、财政贴息、以奖代补、政府风险投资等；而财政间接投入主要是政府通过体育产业、行业间的税收优惠、税额优惠、税率优惠等手段来实现财政收入的调控。如果按实物和虚拟划分的话，可分为有形和无形的投入，有形的体育财政投入包括体育场地、设施的建设，体育公园、全民健身路径建设与维护等；而无形的体育财政投入包括科学健身和锻炼信息宣传和传播、社会体育指导员的培训等。

二、关于公共体育服务财政投入的研究

（一）关于公共体育服务经费投入的研究

1995 年 8 月，全国人大常委会通过的《体育法》填补了国家在体育事业财政投入立法方面的空白，规定各级人民政府要随着国民经济的发展逐步增加对体育事业的投入。2003 年，国务院《公共文化体育设施条例》进一步强调，各级人民政府举办的公共文化体育设施的建设、维修、管理资金，应当列入本级人民政府基本建设投资计划和财政预算。2009 年，国务院《全民健身条例》再次确认，县级以上地方人民政府应当将全民健身工作所需经费列入本级财政预算，并随着国民经济的发展逐步增加对全民健身的投入。[①] 2012 年，国家发展改革委、国家体育总局《"十二五"公共体育设施建设规划》明确提出，中央专项支持各省（区、市）的体育事业的发展，并根据各地经济发展水平、人口规模、公共体育设施状况和群众体育活动开展情况，以及有关政策因素综合平衡，分开计算，分别确定各省（区、市）中央投资额度和支持项目数，并要求各地实施监督检查，适时开展评估工作。以上法律规范充分说明政府正逐渐加强对体育事业发展的经费投入。

根据 2008 年第二次全国经济普查报告，我国体育公共服务支出的比重偏小，只占全国财政支出的 0.5％左右，而发达国家一般都在 2％以上，而且，体育部门的财政经费更多地是投向竞技体育，对大众体育投入有限。[②] 群众体育与竞技体育的财政经费投入失衡是我国体育领域财政投入一直存在的问题。从国家体育总局统计看，2013 年，全国用于全民健身的经费共计 197.59 亿元，其中用于场地建设的经费 147.24 亿元、用于组织建设的经费为 8.38 亿元、用于开展活动的经费 33.27 亿元。在这些经费中，包含财政拨款 105.72 亿元，同比增长 192.04％；彩票公益金 64.49 亿元，同比增长 19.65％。其中地方财政用于全民健身的经费为 170.21 亿元，同比增长 88.91％。

关于公共体育服务财政投入，国内学者主要是对其现状、存在问题、问题产生原因及其优化对策进行了较为系统的探讨。花楷等（2014）指出，体育公

---

① 俞丽萍.体育公共服务均等化的财政分析[J].体育文化导刊,2012(07)：9－12＋17.
② 国务院第二次全国经济普查领导小组办公室.第二次全国经济普查分析报告选编[M].北京：中国经济出版社,2011.

共服务事权与财权不匹配,财政投入保障机制和评价体系不健全是我国体育公共服务财政投入不足的原因,从而提出要树立体育公共服务统筹发展的理念,优化体育公共服务财政投入的框架,健全体育公共服务财政转移支付制度,引领体育公共服务多元化供给等相关对策。① 邵伟钰等(2015)指出,我国公共体育服务财政投入总量仍显不足,投入还未形成稳定增长机制,公共体育服务财政投入失衡以及公共体育服务财政投融资渠道单一。② 花楷等(2018)提出,要完善顶层设计;规范体育公共服务财政投入体系,厘清职能定位;将有限的财政资金作为杠杆撬动市场发展,破除财政投入定式;采用细化与综合相结合的分类政策制定模式,转变投入重心;加大公众身边体育资源投入,保障投入底线;重视弱势群体公平享受体育资源权益③。

(二)关于公共体育服务财政投入规模的研究

俞丽萍(2012)认为,稳定的政府财政投入规模保障了公共体育服务的发展,中华人民共和国成立初期至 1977 年,政府对公共体育服务的投入累计仅为 22.8 亿元,从 1999 年体育财政投入达 39.38 亿元,至 2008 年达到243.55亿元,体育财政投入增长了 6.18 倍④。李丽等(2013)认为,政府在逐步改善民生问题,用于民生的财政支出日益增多,民生体育的财政支出也呈增长趋势,2008 年北京举办奥运会,政府全力支持,多渠道筹集体育经费,大幅度增加体育财政投入,群众体育的投入也以倍数增长,公共体育服务经费中群众体育的支出达到了 69.1 亿元。⑤ 邵伟钰等(2015)认为,自 1998 年以来,中国公共体育服务财政投入规模快速增长,1998—2013 年,中国公共体育服务财政投入从38.7 亿元增长到 299.08 亿元,年均增长 14.61%⑥。花楷等(2014)认为,体育财政投入规模虽然稳步增长,但总量仍显不足;2009 年我国人均群众体育经费为 1.59 元,2010 年为 1.67 元,2011 年为 1.97 元,虽然人均经费投入稳步提升,

① 花楷,兰自力,刘志云.我国体育公共服务财政投入现状、问题与对策[J].天津体育学院学报,2014,29(06):473-477+495.
② 邵伟钰,王家宏.中国公共体育服务财政投入研究[J].成都体育学院学报,2015,41(03):36-40.
③ 花楷,刘晓宇.基于公众评价的体育公共服务财政投入现实困境与提升路径[J].武汉体育学院学报,2018,52(12):18-23.
④ 俞丽萍.公共体育服务均等化的财政分析[J].体育文化导刊,2012(07):9-12+17.
⑤ 李丽,张林.民生财政视域下的民生体育发展研究[J].体育科学,2013,33(05):3-12.
⑥ 邵伟钰,王家宏.中国公共体育服务财政投入研究[J].成都体育学院学报,2015,41(03):36-40.

但仍然不足 2 元,尤其是西部欠发达地区经费更加短缺,完全不能满足群众基本公共体育服务需求,而且公共体育服务经费投入占公共体育服务经费比例较小,难以满足社会日益增长的需求[①]。李丽等(2015)认为,长期以来我国群众体育投入规模不足,群众体育的落后薄弱成为制约我国公共体育服务型政府构建及体育强国建设的短板[②]。但是,体育场馆支出规模在逐渐增大,2008年我国公共体育服务支出中,用于体育场馆支出的金额为 38.1 亿元,2012 年公共体育服务经费中,用于体育场馆支出的金额增加到 53.4 亿元。体育彩票销量的不断增长使国家筹集的公益金也在不断增多(体育彩票公益金的提取以年均33.2％的速度保持增长),这对于体育场地的建设和维护发挥着至关重要的作用。综上所述,我国公共体育服务财政投入的总体规模呈逐渐增长的态势,但是投入受到各种外部与内部因素影响较为明显,投入的增长规模并不稳定。

(三)关于公共体育服务财政投入结构的研究

俞丽萍(2012)认为,我国各区域间体育财政投入结构存在明显差异,西部地区公共体育服务经费严重不足,东部三省份(北京、上海、广东)人均公共体育服务经费水平较高,远远高于中西部地区[③]。邵伟钰(2015)认为,我国公共体育服务财政投入结构在不断优化,特别是城乡投入不均衡现象有所缓解,2008 年政府在全国范围内新建 1 106 个体育场地,其中建在农村的有 658 个,但仅有 10 个位于村庄,其余则在校园;而到了 2011 年,全国新建 1 197 个体育场地,农村达到686 个,占全国体育场地总数的 57.3％,而其中 495 个在村庄[④]。李丽等(2015)认为,群众体育财政投入总量不足,群众体育与竞技体育的投入结构不合理[⑤]。2008 年北京奥运会后,群众体育财政支出急剧下降,2009—2012 年群众体育支出占公共体育服务经费的比重年均值只有 5.6％,而体育竞赛费和体育训练费支出年均是群众体育经费支出的 2.6 倍。具体来说,表现在以下几方面。

[①] 花楷,兰自力,刘志云.我国公共体育服务财政投入现状、问题与对策[J].天津体育学院学报,2014,29(06):473-477+495.
[②] 李丽,杨小龙,兰自力,等.我国群众体育公共财政投入研究[J].首都体育学院学报,2015,27(03):196-201.
[③] 俞丽萍.公共体育服务均等化的财政分析[J].体育文化导刊,2012(07):9-12+17.
[④] 邵伟钰,王家宏.中国公共体育服务财政投入研究[J].成都体育学院学报,2015,41(03):36-40.
[⑤] 李丽,杨小龙,兰自力,等.我国群众体育公共财政投入研究[J].首都体育学院学报,2015,27(03):196-201.

（1）群众体育财政支出的地区结构失衡。我国各地区间经济发展的原有差距及现行财政体制的不完善,使得各地区群众体育经费支出的差距仍然较大。2010 年,东部人均群众体育经费支出是中部和东北部的 2.33 倍,是西部的 2.16 倍。

（2）城乡结构失衡。目前调整各级政府间财力平衡的纵向转移支付重点放在城市,对农村缺乏关注,这进一步加剧了城乡群众公共体育服务财政投入结构失衡,城乡体育公共产品供给不平衡。

（3）中央与地方财权与体育事权配置结构不合理。随着我国财税体制改革的不断深化,财政过多集中在中央层面的格局得以改变,中央将财权逐步下放,地方的财权逐年增多,中央和地方财力与体育事权不匹配。

综上所述,当前我国公共体育服务财政投入区域、城乡以及中央与地方的支出结构不合理,公共体育服务支出的内部结构仍然有待进一步完善。

（四）关于公共体育服务财政投入效率的研究

关于公共体育服务财政投入效率的研究,学者们主要从公共体育服务绩效评价与体系构建以及公共体育服务效率等方面进行实证分析。现阶段,我国公共体育服务绩效评价尚处于起步阶段,理论研究比较薄弱,指标体系构建存在一些不足,实证研究缺乏广度和深度。赵聂(2008)运用 SPSS 软件对原始指标进行主成分分析构造因子变量,运用因子分析与 DEA 模型的组合方法从服务体系产出、体育资源保障、体育组织管理、体育科技服务、体育法制服务 5 个方面构建了公共体育服务指标体系。[1] 袁春梅(2014)以《体育事业统计年鉴》(2009—2012 年)作为研究指标的数据来源,选取人均公共体育服务经费作为投入指标,选取各地区体育科普文化活动开展情况、群众体育场地面积、国民体质监测受测人数、拥有公益性社会体育指导员人数作为产出指标,实施我国公共体育服务效率的 DEA 评价。[2] 邵伟钰(2014)则以群众体育财政现况及数据资料的可获得性为前期基础,以 2011 年、2012 年《体育事业统计年鉴》为数据来源,确定了群众体育事业支出、群众体育事业支出占体育事业支出比重 2 个投入指标和社会指导员、体育社团、综合运动项目组

---

① 赵聂.基于 DEA 模型的公共体育服务绩效评价研究[J].成都体育学院学报,2008(06):8-10+14.
② 袁春梅.我国公共体育服务效率评价与影响因素实证研究[J].体育科学,2014,34(04):3-10.

织数、单项运动项目组织数、体育俱乐部 5 个产出指标,形成群众体育财政投入的 DEA 分析模型。[①] 笔者认为,上述研究,时间选取的连续性不够完整,指标体系的建立难以做到全面覆盖,不足以形成系统科学的评价指标体系。

关于公共体育服务财政支出效率的实证分析,袁春梅(2014)通过研究发现,2008—2011 年我国各地区公共体育服务效率水平在不断提高,各地区平均效率差异逐渐缩小;地区经济发展水平、人口密度、资源投入模式等是影响公共体育服务效率的主要因素。[②] 邵伟钰(2014)对 2011 年我国大陆除西藏以外 30 个省份地方群众体育财政投入效率进行分析后认为,我国群众体育财政投入效率普遍较低,各地区群众体育财政投入效率差异较大,不同地区影响综合效率的原因不同。[③] 曾争等(2015)研究发现,1998—2013 年我国省域公共体育服务的技术效率呈下降趋势,技术效率水平区域间差异显著,我国大多数省份的公共体育服务技术效率存在很大改善空间。[④] 从总体上来讲,宏观经济层面、中观产业层面和微观用户层面是影响公共体育服务技术效率的显著因素,其中,中观产业层面最为突出。张莹等(2011)探讨和论证了影响中国群众体育资源配置效率的因素,并通过研究得出地区经济实力、群众体育经费投入规模对该地区资源配置的综合效率不存在显著影响。此外,从群众体育经费投入来看,呈现负相关关系,表明经费投入方向并没有关注资源配置的合理化,存在明显的群众体育资源浪费现象;从群众体育资源配置结构来看,作用系数较低,表明当前群众体育资源配置结构还比较差,明显存在投入冗余与产出不足现象。[⑤] 综上所述,各指标在各种研究方法以及不同的研究视角下,研究结果均呈现出不同程度的正负相关关系。对此,本研究将审慎地选用与借鉴。

(五)关于公共体育服务财政投入均等化的研究

公共体育服务均等化是当下公共体育服务研究的热点之一。国内学者对公共体育服务均等化的内涵、外延、特点以及非均等化现状及其影响因素进行

① 邵伟钰.基于 DEA 模型的群众体育财政投入绩效分析[J].体育科学,2014,34(09):11-16+22.
② 袁春梅.我国公共体育服务效率评价与影响因素实证研究[J].体育科学,2014,34(04):3-10.
③ 邵伟钰.基于 DEA 模型的群众体育财政投入绩效分析[J].体育科学,2014,34(09):11-16+22.
④ 曾争,董科,钟璞.我国省域公共体育服务的技术效率及其影响因素研究[J].武汉体育学院学报,2015,49(07):30-35.
⑤ 张莹,秦俭,董德龙,等.我国不同地区群众体育资源配置效率研究[J].山东体育学院学报,2011,27(12):7-11.

了剖析。黄晓(2008)认为,地域、城乡差异、社会阶层分化、过度市场化、管理体制改革滞后等因素导致我国公共体育服务呈非均等化发展态势[①]。张利、田雨普(2010)认为,我国公共体育服务供给存在总量严重不足,区域、城乡和阶层差异明显的现象,主要原因是政府体育财政投入过少,地方政府财政投入能力不足,各地经济发展水平差距明显,投资方式单一,城乡二元结构体制的存在等,并针对性地提出了解决途径[②]。俞丽萍(2011)认为,社会转型期我国公共体育服务发展呈明显的非均等状态,主要表现在资源总量不足,城乡之间、区域之间、不同的阶层之间存在明显差异,弱势群体的权利没有得到保护等,造成这种现象的原因主要有城乡分割的二元结构,政府财权、事权的不对称,经济发展水平的差异及过度的市场化,等等[③]。综上所述,国内学者从各个角度与多个领域分析了现阶段我国公共体育服务非均等化发展现状。笔者认为,这与我国的国情、社会背景、政治经济发展的趋势有着必然的联系,促进公共体育服务均等化的发展我国还有很长的路要走,需要政府、社会和公民在意识和物质层面的完美契合。

公共体育服务财政投入的水平从某种程度上代表着我国公共体育服务发展过程中政府重视的程度和整体发展水平,且公共体育服务的发展离不开政府的公共财政支持,而现阶段政府在体育领域的财政投入存在着一些尚待解决的问题。李丽、张林(2010)认为,当前我国群众体育财政投入存在着总量不足,群众体育与竞技体育的投入结构不合理,体育彩票公益金使用的公益性尚待提高,群众体育财政投入的民生性有待加强,群众体育财政支出地区和城乡结构失衡,体育场地财政投入偏低,场地设施供不应求,经费来源渠道单一等一系列问题[④]。花楷(2014)认为,当前公共体育服务财政投入虽然稳步增长,但总量仍然不足,人均公共体育服务经费过少,财政投入结构存在地域、城乡、项目不均衡,以及政府对公共体育服务多元投入的引导不够,导致参与个体规模小而散,难以形成合力,市场能力不强,仍处在初级阶段[⑤]。邵伟钰、王家宏

① 黄晓.和谐社会语境下公共体育服务均等化发展研究[J].成都体育学院学报,2008(05):5-8.
② 张利,田雨普.我国公共体育服务均等化现状及发展对策研究[J].西安体育学院学报,2010,27(02):137-141.
③ 俞丽萍.我国公共体育服务均等化问题的研究[J].武汉体育学院学报,2011,45(07):31-35.
④ 李丽,张林.公共体育服务公共财政支出研究[J].体育科学,2010,30(12):22-28.
⑤ 花楷.我国公共体育服务财政投入困境与路径探析[A]//中国体育科学学会.2015第十届全国体育科学大会论文摘要汇编(三),2015.

(2015)认为,公共体育服务财政投入存在投入总量不足,投入还未形成稳定增长机制,财政投融资渠道单一的问题。[1]

以上学者提出的观点,反映出当前我国公共体育服务财政投入的现状与存在的问题,为本书的研究提供了借鉴。

第四节　研究对象与研究方法

一、研究对象

本书主要对 2011—2015 年我国大陆 31 个省份(不含港澳台地区)公共体育服务财政投入的规模、结构、效率以及均等化情况进行系统研究。其中,公共体育服务投入的规模主要指公共体育服务财政投入的规模;公共体育服务财政投入的结构包括中央与地方之间的公共体育服务财政投入结构、区域之间的公共体育服务财政投入结构(东部、中部、西部);公共体育服务财政投入效率则通过动态效率与静态效率分别评价我国公共体育服务投入与产出的效果;公共体育服务财政投入均等化则运用泰尔指数模型评价当前我国公共体育服务财政投入的均等化情况。这里特别指出,本书中效率和均等化评价所涉及的区域,根据本书前言所述,大致分为东部、中部、西部三个地区,各区域具体包含省份如表 1-1 所示。

表 1-1　我国 31 个省份的区域划分

区域划分	省　　份	数量
东部地区	北京、天津、河北、辽宁、上海、江苏、浙江、福建、山东、广东、海南	11
中部地区	山西、安徽、江西、河南、湖北、湖南、吉林、黑龙江	8
西部地区	内蒙古、广西、重庆、四川、贵州、云南、西藏、陕西、甘肃、青海、宁夏、新疆	12

注:因不具有相关数据,故此处分类不包含我国港澳台地区。

---

[1] 邵伟钰,王家宏.中国公共体育服务财政投入研究[J].成都体育学院学报,2015,41(03):36-40.

二、研究方法

（一）文献资料法

通过查询中国知网、万方数据库等，以公共体育、公共体育服务、财政投入、财政保障、规模、结构、效率与均等化等关键词和主题词进行文献检索，共获得 200 多篇相关文献。通过文献筛选，选取其中 50 多篇期刊论文，硕士、博士学位论文作为本书的参考资料；此外，通过苏州大学图书馆和体育学院资料室查阅了公共体育服务、公共服务、财政学与管理学等方面的相关著作作为研究的支撑材料。

（二）比较分析法

首先，对体育事业支出的绝对规模和相对规模进行纵向层次与横向层次的比较。其次，对 2011—2015 年我国体育事业公共财政投入的数据进行测算和分析，比较分析中央与地方、区域之间体育事业支出的结构。最后，运用定量分析的方法对我国公共体育服务财政投入的数量特征、数量关系与数量的动态变化情况进行比较分析。

（三）逻辑分析法

主要对 2011—2015 年我国公共体育服务财政投入的现状、问题进行归纳分析和推理，并结合我国公共体育服务发展效率及均等化发展实践，提出完善我国公共体育服务财政投入的对策与建议。

（四）统计分析法

查阅 2006—2015 年《体育事业统计年鉴》和《中国体育年鉴》，在国家统计局官网搜集与公共体育财政投入有关的数据，运用数据处理软件进行统计分析。

（五）数理模型分析法

本书运用 DEA 模型、Malmquist 指数模型测量分析 2011—2015 年我国公共体育服务财政投入的静态效率和动态效率,采用截断的 Tobit 随机效应面板模型进行回归分析,以综合效率为被解释变量、外部环境因素为解释变量,最终通过回归结果解释,分析公共体育服务财政支出效率的影响因素。①

三、本书的技术路线

笔者遵循"框架设计—现状把握—实证研究—对策建议"的逻辑框架展开研究,以保证研究内容的连贯性和思路的严谨性,技术路线具体如图 1-1 所示。

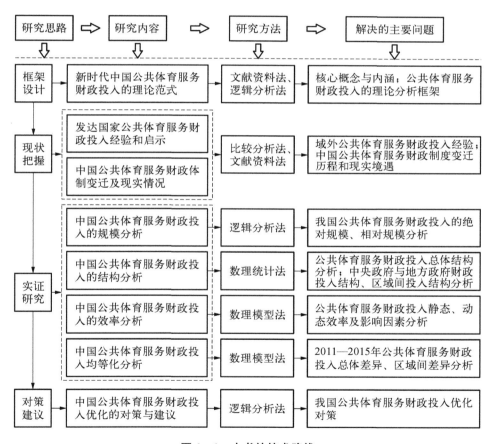

图1-1 本书的技术路线

① 王银梅,朱耘婵.基于面板数据的地方政府公共文化支出效率研究[J].经济问题,2015(06):35-40.

第五节 研究的理论基础

一、公共产品理论

公共产品理论是新政治经济学的一项基本理论,也是正确处理政府与市场关系、政府职能转变、构建公共财政收支、公共服务市场化的基础理论。根据公共经济学理论,社会产品分为公共产品和私人产品。按照萨缪尔森在《公共支出的纯理论》中的定义,纯粹的公共产品或劳务是指,每个人消费这种物品或劳务不会导致别人对该种产品或劳务消费的减少。[①] 而且公共产品或劳务具有与私人产品或劳务显著不同的三个特征,即效用的不可分割性、消费的非竞争性和收益的非排他性;凡是可以由个别消费者所占有和享用,具有敌对性、排他性和可分性的产品就是私人产品。介于两者之间的产品称为准公共产品。私人产品只有占有人才可消费,谁付款谁受益。然而,任何人消费公共产品不排除他人消费(从技术上加以排除几乎不可能或排除成本很高),不可避免地会出现"搭便车"现象。

关于消费的非竞争性,其边际生产成本为零。在现有的公共产品供给水平上,新增消费者不需增加供给成本,如灯塔等。边际拥挤成本为零:任何人对公共产品的消费不会影响其他人同时享用该公共产品的数量和质量。个人无法调节其消费数量和质量。边际拥挤成本是否为零是区分纯公共产品、准公共产品或混合产品的重要标准。根据西方经济学理论,由于存在"市场失灵",市场机制难以在一切领域达到"帕累托最优",特别是在公共产品方面。如果有私人部分通过市场提供就不可避免地会出现"免费搭车者",从而导致休谟所指出的"公共的悲剧"[②],难以实现全体社会成员的公共利益最大化,这是市场机制本身难以解决的难题,这时就需要政府出面来提供公共产品或劳务。此外,外部效应的存在导致私人不能有效提供公共产品或服务也会造成其供给不足,此时也需要政府出面弥补这种"市场的缺陷",提供相关的公共产

---

① Samuelson P A. The pure theory of public expenditure[J]. The review of economics and statistics,1954,36(04):387-389.

② 姚从容.重新解读"公共的悲剧"[J].财经理论与实践,2004,25(136):17-22.

品或劳务。从财政学角度来看,公共产品的存在给市场机制带来了严重的问题:即使某种公共产品带给人们的利益要大于生产的成本,私人也不愿提供这种产品,因为公共产品非排他性和非竞争性的特征,在公共产品消费中人们存在一种"搭便车"动机。每个人都想不付或少付成本享受公共产品,最后只好政府出面担当此职能。但公共产品其价值如何确定?边际效用价值论便赋予无形的公共产品以主观价值,从而使社会能采用统一的货币尺度去衡量对比公共产品的供应费用与运用效用之间的关系。公共产品理论还提出,遵循效用—费用—税收的程式,"税收价格"是人们享用公共产品和劳务所相应付出的代价,从而将公共产品供应的成本和收费有机地连接起来。依据市场经济和公共产品理论,政府不仅要为市场经济运行提供必要的外部条件,还要在市场经济中发挥填空补充、矫正和调节作用。政府要成为公共经济活动的中心,为社会提供越来越多的公共产品和劳务。财政筹集收入和分配支出的活动,不再是一般意义上的分配,也是为社会提供公共产品和劳务,进行资源的配置和市场需求的调节。这就超越了亚当·斯密把财政理解为一种分配活动的范围,此时财政已经成为一种生产活动,使西方经济学尤其是财政理论有了突破性的发展。公共产品理论对中国经济改革的实践有很强的解释力和借鉴作用,过去中国长期实行的计划经济体制,没有买方市场,大量产品具有公共产品的特征,效率低下,阻碍了社会经济的快速发展。1992 年以来随着市场经济体制的逐渐建立和完善,这一状况得到了改善。但是"什么是政府应该管的,什么是应该由市场内在运行解决的"以及"政府如何才能管好"依然是重要持久的课题。从广义上讲,"制度""政策"也是公共产品,在中国发展转型时期,运用公共产品理论分析制度变迁,分析市场与"公共选择"两种资源配置方式,尤其是对政府行为边界及其公共产品生产效率进行研究,有很强的现实意义。当然,改革作为一个制度变迁过程本身就是公共选择的结果。

二、公共管理理论

公共管理理论是研究公共组织利用公权来管理社会公共事务,实现社会公共利益的过程。倡导市场原则是以公共政策和公共管理的应用,建立以企业为导向的服务型政府,从而实现公共服务市场化。它的形成和发展对于正确界定政府在公共服务发展中的作用具有重要的理论和实践指导意义。公共管理理论还是一种利用经济分工的过程来解决"政府失灵"的理论,即分析政府行为的效率,寻求有效的政府决策制度和规则。公共选择理论在财务决策领域的应用是指通过公共投票确定的一系列要求提供公共产品的需要,使公共产品的生产和供给能够满足公共需求的总量,使公共物品的供需可以一一对应,甚至可以细化各类公共物品的种类和数量。20 世纪 70 年代末,新公共管理运动逐渐兴起,它是在总结各个国家行政改革思想的基础上提出的公共管理理论。公共管理是一般管理范畴中的子集,其特点就在于公共性,即通过依法运用公共权力、提供公共产品和服务来实现公共利益,同时接受公共监督。这是公共管理区别于其他管理的根本标志。其主要特征:① 公共管理是发生在公共组织中的活动;② 公共管理以实现社会公共利益为总体目标;③ 公共管理的基础是公共权力,这是协调社会资源的保障;④ 公共管理的主要任务是向社会全体成员提供公共产品和公共服务;⑤ 公共管理强调公共部门的行为绩效;⑥ 公共组织实现目标并取得良好效果的关键是协调。王振(2014)对新公共管理理论的理解体现在三个方面:倡导公共部门注意效率,提高绩效;强调顾客导向,主张公民参与;坚持 3E 原则,即在追求提高效率、降低成本的同时,注意效能的提高①。苗子凯(2017)提及新公共管理理论时将私营企业中的经济、效率、效能等管理思想应用于公共部门,以效率为中心,主张政府转变角色,实现分权化管理,以满足顾客的需求为导向②。

三、公共选择理论

20 世纪 40 年代末,公共选择的基础理论是理性选择,即假设人们都是从自己现有的能够实行的方案中选择最佳。公共选择理论强调通过市场方法解决与社会成员相关的经济和社会问题,并使用经济方法研究政府管理活动和公共政策的制定和实施,通常以实现社会福利最大化为目标。其核心是通过政府和市场重新定义与社会组织的关系,以解决政府面临的两难困境,即如何处理政府与市场、政府和社会之间的关系。公共选择和管理理论的主要内容

① 王振.政府购买公共文化服务的绩效评价研究[D].杭州:浙江大学,2014.
② 苗子凯.基于结构方程模型的政府购买公共服务绩效评价研究[D].北京:北京化工大学,2017.

是研究政府如何在公共体育服务发展中发挥作用的重要理论基础。公共选择理论对公共体育服务最重要的启示就是打破政府对体育公共服务的垄断,主要依靠市场机制,通过市场竞争,让"理性经济人"为公共体育服务做出科学选择,政府尽量减少直接参与和供应。姚艺惠等(2018)认为,公共选择理论是以"经纪人"假设为分析武器,分析"经纪人"是如何决定并支配集体行为的。其中的"经纪人"假设,是指每个个体,都是以追求个人的利益、个人的最大程度满足为基本的动机。针对政府的低效率,公共选择理论提供了两种思路,即引入市场竞争机制和竞争激励机制[①]。一些可以由市场完成的公共体育服务功能应该移交给市场,尊重市场的力量,尊重公众的选择。特别是在公共体育服务供给中,必须采用市场竞争或公开招标来降低成本,改善服务,最终以更加科学合理的方式促进公共体育服务的发展。与此同时,我们必须分析最大化公共体育服务效益的观点。在公共体育服务供给的全过程中,必须考虑社会效益、经济效益和个人权益的统一,充分考虑和分析参与各方的实际情况和实际需要,力求最大限度地发挥公共体育服务的效益。韩宝徽(2018)指出,公共选择理论中的核心命题为"经纪人"假设,这可以启发我们设计出合理的利益驱动机制,鞭策政府机构和公务人员制定出更有效率的制度和政策[②]。高寒(2018)认为,公共选择不是单人选择,而是集体决策,其反映的是民主政治,借助民主政治确定需求量与供给量,让政治平衡去解决市场弊端[③]。从公共管理和选择理论(经济学和公共选择理论)的两个核心基础理论进行分析,关于个人理性的经济学假设已经成为政府实施公共体育服务市场化的起点。也就是说,在市场分配体育资源的过程中,每个组织都追求自己的利益。为了符合市场主体的本能,协调各种市场主体之间的关系,并使个人利益和社会利益尽可能统一,政府在体育发展中要关注管理成果、工作效率,注重绩效评估等,这些都需要依靠公共选择与管理理论为政府在发展过程中正确履行职能提供具体的理论指导。

在市场经济中,如何界定私人产品和公共产品的范围是一个重要问题。

① 姚艺惠,叶小燕.公共选择理论视域下的 PPP 模式政府政策研究[J].江苏科技信息,2018,35(22):5-7.
② 韩宝徽.《公共选择理论》书评[J].中国管理信息化,2018,21(11):182-183.
③ 高寒.公共选择理论视角下简政放权的探讨[J].管理观察,2018(27):107-108.

这可以解释为什么有些产品是公共产品,只能由公共部门提供,有些产品必须由私人提供,否则会导致效率低下。关于公共产品的定义,因为经济发展处于不同的发展阶段将赋予政府不同的责任,公共产品的范围也会相应调整。公共选择理论为政府处理市场关系、转变政府职能,建立公共财政收入和支出,实现公共服务市场化提供了基础。它为政府决策和选择机制建设提供了标准,为财政机制转型提供了方向。公共选择理论从经济学的角度分析和研究政府的决策与公共产品的选择,探讨了公众对体育消费需求的偏好与政府公共体育服务的选择之间的关系,通过资源分配选择过程最大化公共投资在公共体育服务中的效用。公共选择理论,帮助我们牢牢把握经济社会环境中的客观约束条件,制订并逐渐完善符合正确方向与具有可行性的公共体育服务金融投资改善方案,也为本书理论研究框架的系统构建提供了理论依据。

四、公共财政理论

财政是一种以国家或政府为主体的经济行为或经济现象。财政具有分配收入、稳定经济和优化资源配置的功能。可以说,财政是以分配活动为主要目的,基于国家或政府,包括生产要素和生产结果的分配活动。简单来说,财政是政府收入或国民收入的集中,以政府为主导在资源和收入分配方面的活动,并通过收入和支出活动来规范社会总需求和社会总供给,使它们协调实现优化资源配置、公平分配、经济稳定和发展。

公共财政是以政府体制主导下的国家财政与市场机制调节的财政。当市场无法有效地分配商品和劳务时,必须依靠市场以外的力量即政府力量来弥补市场失灵状态下所形成的公共需求和公共产品的空白。目前,社会资源大多是由市场进行配置,在现代市场经济条件下,市场机制的作用就是要在资源配置方面实现效率最大化。由于市场机制本身存在诸多无法克服的矛盾和缺陷,加上垄断、外部环境、非对称与信息不通畅等客观因素的影响,不可避免地会出现市场失灵的现象,这时就需要政府对社会经济生活进行必要的干预和调节。

从公共产品理论出发,公共财政的基本内涵可以概括为:向社会提供公共产品以满足公共需要的财政。其基本职能如下。一是资源配置职能。通过税收、投资和补贴，弥补市场调节失灵或失败的不足，引导生产要素的合理流动，特别是全社会资金的流动。二是收入分配功能。国民收入的分配反映在价格的使用上。财政收入分配可以调整与要素投入不一致的相对不同的收入差距，使其保持在各行各业居民可接受的合理范围内。三是稳定经济职能。经济周期性波动是现代社会的普遍现象，其主要原因是社会总供给与总需求之间的不平衡。财政的宏观调控可以调整两者之间的不平衡，使国民经济稳步发展[①]。

公共财政即政府公共服务部门提供公共产品，财政活动的范围必须限于市场失灵领域。其主要难点表现为：应提供哪些公共产品；产品的最佳供应量；如何最大限度提高供应效率；等等。基于公共物品的非排他性和非竞争性特征及市场机制本身的局限性，上述条件无法全部实现。为了维护市场的有效运作，满足社会的公共需求，政府推出了公共财政。公共财政是政府财政收支活动和运行机制的典范，具有财政运作目标的公共性、财政收支活动的规范性以及财政行为的法制性等主要特征。政府职能通过资源配置、收入分配和经济稳定三个方面来贯彻公共财政的存在。

当然，公共财政理论认为，公共财政是一种与市场经济相容的财政模式，政府分配行为中用公共财政提供公共产品来弥补市场失灵。目前，所有市场经济国家仍然坚持市场在资源配置中的决定性作用。社会经济的运作以市场监管为基础，但是对于市场难以调整或监管不力的领域，政府需要干预市场以适应、调整当下管理体制。在市场经济条件下，社会资源的主要配置者是市场，而不是政府。只有在"市场失灵"的领域，政府部门的干预才是必要的。公共财政需要解决的是无法通过市场来解决的问题，将市场和政府，"看不见的手"和"看得见的手"巧妙地结合在一起，以确保市场的公平有序运作。由于市场机制在许多领域的失败，政府干预具有必要性和合理性。政府的主要职能是克服市场失灵的问题，公共财政是支持政府行使这些职能的主要手段。公共体育服务作为公共服务的主要组成部分，需要在市场经济条件下完成对体育资源的有效配置，但在有些领域市场表现出心有余而力不足，此时需要政府发挥主导作用，其中体育资源如何进行分配、分配

---

① 王雁.甘肃省财政支出研析：规模、结构与绩效评价[D].兰州：兰州大学,2011.

多少、用何种方式进行分配,都是政府作为行政主体所不能轻视的内容。笔者认为,为了保证公共体育服务质量和配置效率,需要合理引入公共财政理论进行分析研究。

五、新公共服务理论

新公共服务理论最新强调的原则和理念,其一,在于政府是服务者而非掌舵者,公共管理者的重要作用并不是体现为对社会的控制或驾驭,而是帮助公民表达和实现他们的共同利益。其二,公共利益是管理者和公民共同的利益和责任,是目标而不是副产品。新公共服务理论提出,政府的作用将更多地体现在把人们聚集到能无拘无束、真诚地进行对话的环境中,共商发展大计。其三,责任并不是单一的。新公共服务要求公务员不仅仅关注市场,还要关注宪法和法令,关注社会价值、政治行为准则、职业标准和公民利益。新公共服务理论意识到了这些责任的现实性和复杂性。其四,重视人而不只是生产率。新公共服务理论在探讨管理和组织时十分强调"通过人来进行管理"的重要性。依据新公共服务理论,如果要求公务员善待公民,那么公务员本身就必须受到公共机构管理者的善待。

新公共服务理论的发展实践表明,首先,需要完善公民参与机制。新公共服务理论认为公民不仅是公共服务的享受者,还是公共服务的提供者,是国家的主人。由于社会事务的复杂性和政府不可治理性的增加,政府应该充分调动公民参与社会活动的积极性,听取各方面有价值的信息,从而保证提供的公共服务得到广泛的支持。完善公民参与机制主要有4个途径。① 培养公民的参与意识。通过加强宣传和引导,让公民了解自身的权利和义务,以及政策的具体方案,明确自身的主人翁地位。② 增加公民参与的方式和途径。信息化时代,要重视发挥网络的作用,开展便捷和透明的网络参与渠道。③ 拓宽公民参与互动的领域。保障公民的权利,使其能够充分行使自身权利,监督公共政策的执行情况。④ 建立公民参与的激励机制。通过向公民授权以及设立专项奖金,对于积极参与公共事务并发挥重要作用的公民给予奖励。其次,需要提升服务理念和责任意识。新公共服务理论认为政府需要为社会的发展提供必要的公共服务,而不是试图控制公民或者社会的发展方向,即"服务而非掌舵"。同时,政府要明确自己所应承担的责任,包括专业责任、法律责任、政治责任和民主责任等。除此之外,有责任意识的政府,是引导者和服务者,而不是企业家。政府只有树立服务理念和责任意识,才能避免出现不作为的情况,才能有助于构建服务型政府。

新公共服务理论坚持人民是国家的主人,追求公共利益,重视民主对话和沟通协调的合作共治;强调政府的作用是服务。民主观念和公共利益是一种高尚的追求,贯穿于公共管理的整个过程,并且应该在组织中确立。虽然新公共服务理论是在对新公共管理理论进行反思和批判的基础上提出和建立的,但是,这并不意味着它是对新公共管理理论的全盘否定。只有辩证地看待和运用新公共服务理论,在继承中创新和发展,才能为我国建设服务型政府提供丰富的理论指导和宝贵的经验,使政府在管理中不断取得新成果。

六、社会治理理论

社会治理通常是指以政府为主导的以及包括其他社会力量在内的行为主体,在法律、政策的框架内,通过各种方式对社会领域的各个环节进行组织、协调、服务、监督和控制的过程。这与当前我国公共体育服务财政投入体制机制联系起来。社会治理是由多元主体共同参与进行的以法律为依据的综合治理,其基本特征为多元主体参与、方式倡导调和、逻辑注重互动、追求强调过程。从组织形式看,社会治理包括自治与共治两种;从功能角度看,社会治理的基本内容是由社会管理和公共服务两部分构成。社会管理有社会组织管理、公共设施管理等,而公共服务由社区服务、社会服务等组成。当代中国的社会治理,就是要在承认个性化、多元化的基础上,通过互动和调和、沟通和对话、谈判和协商、妥协和让步,整合起各社会阶层、各社会群体都能接受的社会整体利益,最终形成各方都必须遵守的社会契约。

现阶段,我国政府改革的根本目标就是要建设一个服务型政府,以实现为人民服务的宗旨。坚持以人为本的价值取向主要包括两点:第一,转变官本位的特权思想,坚持人民是国家主人的理念,保障人民的各项基本权利,做到权为民所用、情为民所系、利为民所谋。第二,在实践中,强调经济发展的同时注重人的全面提高,经济最终服务于人民。以人为本是时代发展的要求和历史进步,也是现代政府治理理论一个重要理念。以人为本就是从群众需求角度出发,促进人的全面发展,代表人民群众的愿望与选择,这既是对最广大人民群众主体作用和地位的肯定,又是党和国家的价值取向与理念。按照以人为本的要求与理念,检验公共体育服务投入标准并将之作为指导工作的原则。坚持以人为本,在新时期的公共体育服务发展实践中,更符合人民的需求,工作结果也更令群众满意,这对于指导公共体育服务财政投入具有重要意义。在公共体育服务发展实践中,协调发展强调公共体育服务使全体居民都有机会均等化地参与全民健身战略。可持续发展强调发展"整体性"和"综合性",强调从战略的高度来思考并规划公共体育服务的发展,协调各方利益,追求有质量且有效益的发展。

第六节 研究思路、研究内容及创新之处

一、研究思路

本书主要是以"十二五"期间(2011—2015 年)我国公共体育服务财政投入的规模、结构、效率及均等化情况为研究对象。

第一,规模。公共体育服务财政投入规模包括体育事业支出规模(群众体育、体育竞赛、体育训练、体育场馆)、体育彩票公益金支出规模、健身场地设施支出规模。

第二,结构。公共体育服务财政投入的结构包括中央与地方、区域之间、城乡之间以及群体之间的结构。

第三,效率。本书以数据包络分析法来研究我国公共体育服务投入与产出的效果,评价其财政投入效率的高低,其中,投入主要是以人均体育事业经费为指标,产出则以人均体育场地面积、每万人拥有的社会体育指导员、每万人拥有体育社会组织等作为指标。

第四,均等化。本书主要运用泰尔指数模型分析 2011—2015 年我国公共体育服务财政投入区域间和区域内的均等化情况。

第五,总结。针对规模、结构、效率及均等化现实问题,提出相应对策建议。

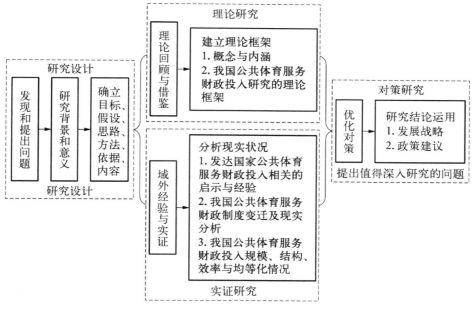

图 1－2 研究的基本思路

二、研究内容

本书依据我国公共体育服务发展总体上的目标和体育事业发展的"十三五"规划,参考《体育事业统计年鉴》和《中国体育年鉴》相关数据,对我国公共体育服务事业投入的规模、结构、效率及均等化情况进行分析,揭示我国公共体育服务事业发展的现状、投入与产出效益之间的关系,并基于问题提出相应的优化对策。这对于完善与调整我国政府公共体育服务事业投入的规模与结构,提高我国当前公共体育服务事业财政投入效率,从而促使我国公共体育服务财政投入更加合理科学具有重要的现实意义。具体研究内容如下。

(1)对我国公共财政投入和体育财政体制的变迁进行纵向梳理,着重对我国政府在体育财政投入中的事权和财权关系进行分析,并提炼我国公共体育服务财政投入的主要特征。

(2)比较分析美国、英国、日本、德国、澳大利亚等发达国家的公共体育服务财政投入的现状及其特点,进而提出值得我国公共体育服务财政投入借鉴的经验。

（3）从我国公共体育服务财政投入规模出发,分析当前我国公共体育服务财政投入的绝对规模与相对规模,进而为分析我国公共体育服务财政投入结构奠定基础。

（4）横向剖析当前我国公共体育服务财政投入的结构,包括中央与地方投入结构、区域之间投入结构,在此基础上分析公共体育事业的支出情况,为优化我国公共体育服务支出的结构和规模提供实践依据。

（5）对我国公共体育服务财政投入效率进行全景分析,将公共体育服务财政投入的动态效率和静态效率相结合来评价我国公共体育服务财政投入的效率。

（6）从我国公共体育服务财政投入均等化角度出发,阐述我国公共体育服务财政资源配置均等化现实状况。

（7）根据我国公共体育服务财政投入(规模、结构、效率与均等化情况)存在的问题,提出优化财政投入的对策,以期为政府体育工作部门出台相关政策提供参考与借鉴。

三、创新之处

（1）将 DEA 分析方法系统地运用于我国公共体育财政投入的效率分析中,具有一定的创新性。

（2）全景分析 2011—2015 年我国 31 个省份公共体育服务财政投入的规模、结构、效率和均等化情况,有助于全面把握我国公共体育服务财政投入运行规律,具有一定的科学性和创新性。

第二章
我国公共体育服务财政体制变迁与现实考察

　　中华人民共和国成立之初,党和政府部门高度重视发展体育事业,形成了高度集中的、行政型的体育管理体制,以及主要依靠行政指令和政府财政拨款的运行机制。改革开放后,随着经济体制改革的推进,我国逐步建立了中国特色的社会主义市场经济体制。体育改革的重点是克服国有体育资源过度集中的弊端,特别是政府体育行政部门,要深化竞争机制。20世纪90年代,国家支持和鼓励体育事业单位面向市场、走向市场,以体为主、多种经营,充分挖掘体育的经济功能,坚定不移地走体育社会化、市场化、产业化道路。

第一节　我国公共体育服务财政体制变迁

　　1992年,党的十四大提出我国经济体制改革的目标是建立社会主义市场经济体制,市场化成为资源配置的基础。随着我国经济体制的转型,我国已经初步建立起社会主义市场经济体制。根据经济体制改革的原则,1993年财政部和国家体委联合印发了《体育事业单位财务管理办法》,强调要充分发挥体育事业的多元功能,走多渠道、多层次、多形式筹集资金,依托社会和市场的体育事业发展道路;政府要从过去办体育逐步向管体育转变,财政投入政策必须适应政府职能的转变,建立起新型的财政投入机制,并规范财政对体育事业投入的方向、目标和方法,使之成为体育事业发展的有力杠杆和手段。与此同时,我国财政体制和体育财政体制也发生了相应的调整和变化。

一、我国财政体制变迁

中华人民共和国成立后,我国财政制度主要经历了三个重要时期,在不同的历史时期体育财政投入对我国体育事业的发展均发挥了重要的作用。但不可否认的是,体育财政投入受政治、经济条件的约制,因此也都存在各自的历史时代特征和局限性。

由表2-1可知,体育财政体制从统收统支阶段转向财政包干阶段,大致以改革开放为分界点,并且根据财政体制的不同,还以1994年为体制演变的分界点。根据1978年改革开放和1994年这两个时间点,笔者将财政体制演变划分为以下三个阶段。

表2-1　中华人民共和国成立以来我国财政管理体制变迁一览

阶段	实行时间	财权状态	财政体制改革
统收统支	1950年	集权	高度集中,统收统支
	1951—1957年	分权	划分收支,分权管理
	1958年		以收定支,五年不变
	1959—1970年	集权	收支下放,计划包干,地区调剂,总额分成,一年一变
	1971—1973年		定收定支,收支包干,保证上缴,结果余用,一年一定
	1974—1975年	分权	收入固定比例留成,超收另定分成比例,支出按指标包干
	1976—1979年		定收定支,收支挂钩,总额分成;一年一定,收支挂钩,增收分成
财政包干	1980—1984年	分权	划分收支,分级包干
	1985—1987年		划分税种、核定收支、分级包干
	1988—1993年		包干财政体制
分税制	1994—2003年	适度收权	按事权确定财政支出范围,按税种划分财政收入,税收返还
	2004年至今	对县扩权	"省管县"财政体制改革

（一）第一阶段：中华人民共和国成立初期（1949—1977）

基于中华人民共和国成立初期政治和经济背景，中央政府建立了高度集中的财政管理体制，形成了全国财政工作的"大一统"格局。

随着政权稳固和经济体系的逐步建立，高度集中的公共财政管理体制出现了微弱变化，1954 年财政工作的六条方针中"支出包干使用"规定的出台、1958 年"以收定支、一定五年"办法的实施以及 1970 年以后形成的"财政大包干"体制都在不同程度上赋予地方政府收支自主权，体现出财政体制调整中的分权萌芽。财政管理体制放权后的结果是地方政府赤字比例加大，放权削弱了中央政府对全国财政的掌控力且中央因财力缺乏而陷入被动，随后，中央政府在财政体制的调整中加强了集权度。集权型财政管理体制的主要特点如下。一是中央政府和地方政府财政自主权悬殊。地方政府收入全部上缴中央，地方支出由中央全额拨付，财权和事权高度集中于中央。二是地方政府不构成真正意义上的预算主体。集权型财政体制下的地方政府作为财政执行主体存在，仅在中央政府的安排下列示预算项目和资金额度。地方政府财政运行表现为中央政府预算安排下的执行结果，其结果如何对地方财政不造成影响，从而直接降低了地方政府对本级财政运行的关注度。三是地方政府不具有发展经济的基本动力。统收统支的财政管理体制剥夺了地方政府财政收支权限，获取财政收入的努力程度被掩盖，由此决定了地方政府缺乏发展地区经济的主动性和积极性。

（二）第二阶段：行政分权型财政体制时期（1978—1993）

自 1978 年党的十一届三中全会开始，充分调动地方政府的积极性成为中国经济增长的关键环节，促使中央政府进行财政分权改革。行政分权型财政体制改革呈现多元化模式。1978—1979 年，为改变资源过度集中和地方财政收支权较弱的情况，各地根据实际推出"定收定支，收支挂钩，总额分成""一年一定，收支挂钩，增收分成""收支挂钩，全额分成，比例包干，几年不变"（限于江苏省）和"民族自治地区财政体制"4 种分成方法；1980—1988 年试行和推广"分灶吃饭"，中央政府在全国 15 个省份试行"划分收支、分级包干"办法，在划分中央和地方政府收支项目的基础上，以 1979 年决算数为基准确定包干数并于 1985 年进行推广；1988—1993 年"财政包干"制进入深化时期，除少数民族自治区以外各省份分别采用 6 种不同的包干方法,包括总额分成、总额分成加增长分成、定额补助、定额上解、上解递增包干、收入递增包干[①]。行政分权型财政体制的主要特点表现如下。一是中央和地方政府实力相差过大的格局实现逆转。1978—1993 年,中央财政收入占总收入比重逐渐下降,地方政府收入占总收入比重平均为 65%。二是地方政府成为独立预算主体。自主安排本级政府财政收支项目和规模,对财力扩大的偏好引导地方政府提高了对财政运行结果的关注度。三是地方政府逐渐注重财政能力的培养。包干制下地方政府拥有财政剩余索取权,为获得更多的财政收入,尽可能地调动区域内资源利用量和提高产出效率,形成了政府主导地区经济快速发展的机制。

（三）第三阶段：经济分权型财政体制时期（1994 年至今）

党的十四大明确提出,我国经济体制改革的目标是建立社会主义市场经济体制,从而以社会主义市场经济体制为取向的财政体制改革全面展开。1993 年 12 月 15 日,国务院《关于实行分税制财政管理体制的决定》为分税制改革的实施提供了基础。1994 年分税制的实施拉开了中国经济分权型财政体制改革的序幕,通过各级政府收入范围和支出责任的划分以及转移支付制度的建立,形成了适合于市场经济的财政管理体制。经济分权型财政体制运行的 20 年里,不仅规范了各级政府间的财政秩序、创造了企业公平竞争的环境,同时在调动地方政府积极性的基础上增强了中央政府的宏观调控能力。但同时面临着一些问题:首先,扭曲地方政府的财政支出结构。地方政府财政支出一般包括资本支出和涉及民生的服务型支出。资本支出主要投资于大型项目和公共工程等基础项目;服务型支出主要投资于科学、教育、文化和卫生等领域。基础设施的建设可以在短时间内反映地方政府的政绩;而科学、教育、文化和卫生等服务型支出可以通过增加人力资本在很长一段时间内促进经济增长,但这种过程或循环是漫长而缓慢的。因此,政府偏向于资本支出和基础设施领域的支出。其次,它可能导致地区之间产业结构的过度趋同和重复。财政竞争刺激了地方政府的投资扩张冲动,使得地方政府往往忽视当地需求的基本现实,盲目投资和建设,或反复扩张。再次,引发地方保护主义,导致市

---

① 严雅娜.基本公共服务均等化的财政对策研究[D].太原：山西财经大学,2017.

场分裂。为了保护自己的利益,地方政府采取强制性监管或贸易壁垒来排除外来产品或限制当地产品的流出,从而产生地方垄断。最后,加大区域经济发展差距。不同竞争力的地区财政竞争的结果也不同,竞争力较强的地区在财政竞争中占主导地位,可以为流动资源提供相应的福利政策和更好的公共产品和服务,从而吸引更多的社会经济资源流入,进一步增强竞争力,形成良性循环,而竞争力较弱的地区,则恰恰相反。

二、我国体育财政体制的变迁

(一)改革开放前我国体育财政保障制度分析

从 1949 年到 1978 年改革开放的前夕,这一阶段是我国体育事业财政保障制度发展的第一个快速发展时期,我国财政体制与体育事业实行高度集中的、统收统支的供给型的财政政策。在计划经济体制的背景下,这一时期我国体育事业财政保障制度呈现出若干特征:国家把体育事业作为纯公益性事业进行全额的拨款,体育经费呈不断增加的趋势,与体育运动有关的所有体育事业经费都纳入中央和地方财政计划中①;政府通过行政指令计划对体育进行直接的管控,体育事业的基本建设、布局、投资都由国家意志决定。

我国政府部门在不同时期实行不同的体育事业财政保障政策,体育事业发展的需要也是国家意志的具体体现。中华人民共和国成立初期,针对国民体质普遍下降的现状,实行"体育运动普及化和经常化"的指导方针,国家重视群众体育的发展,注重国民体质的增强,并投入大量的财政资金用于体育基础设施建设,群众体育得到快速发展;同时,随着我国国际体育交流逐渐增多,提高运动技术水平的重要性日益凸显。1959 年,周恩来总理在二届人大一次会议所作的政府工作报告中提出,贯彻普及与提高相结合的方针,投入一定的人力、物力、财力发展竞技体育。由此,竞技体育水平整体得到了大幅度的提高,不少项目赶超世界先进水平。

(二)改革开放后"分级包干制"体育财政保障制度

1978—1992 年,全党的工作重心转到社会主义现代化建设上来。随着经

---

① 李丽,杨小龙.论我国体育事业财政制度的变迁[J].体育文化导刊,2012(11):84-87.

济体制改革的不断深入,在正确处理计划与市场关系问题上,逐步打破了过去高度集中的计划经济体制下的统包统管的管理体制,对体育事业单位普遍实行了预算包干、结余留用、超支不补的财务管理体制,国家鼓励一切有条件能组织收入的事业单位,积极挖掘潜力,合理组织收入,弥补经费不足,促进体育事业的快速发展。一方面,为了缓解体育资金的矛盾,国家财政继续加大对体育事业发展的投入;另一方面,经济上鼓励和支持体育机构充分利用其业务优势,拓宽财务路径,加强自身的造血功能。1987 年,财政部和国家体育运动委员会(简称国家体委)对国家体委直属的预算机构制定了临时措施,采取增加基数、增加比例,自立单位实施自给自足、结转余额的管理方法,鼓励体育机构实施基于机构和多元化经营的财务管理制度。为缓解体育资金的紧张,积极鼓励和支持体育机构充分利用其业务优势,拓宽财力,组织收入,逐步实施体育机构的体育多元化经营,财政部和国家体委协商发布了国家体委直属事业单位留成试行办法,在考核事业单位完成计划的前提下,对单位的组织收入,试行按经费自给率核定事业发展基金、集体福利基金、奖励基金的办法;体育场馆由行政管理型向经营管理型过渡;在优先保证发展体育事业的前提下,鼓励体育场馆向社会开放,积极组织收入,实行多种经营,由行政管理型向经营管理型过渡,逐步实现企业化。[1]

在财政包干的管理体制下,我国体育财政保障制度也进行了相应的改革,体育事业单位普遍实行"预算包干,结余留用,超支不补"的财政管理制度,初步打破了计划经济体制下政府包干一切体育事业的旧模式。国家在加大体育财政投入的同时,鼓励体育事业单位逐步实行"以体为主,多种经营"的模式,广开财路,合理组织收入,并且制定了一些政策和措施来调动各级体育事业单位的积极性,具体包括:体育场馆由政府全额拨款向政府拨款与自筹资金相结合的模式转变;经费按照自给率来核定体育事业单位留成比例;直属体育事业单位实行"预算包干"的管理办法,即根据体育事业单位的不同情况采取不同的财务管理办法,全额预算单位的财务管理实行"核定基数,比例递增",而对自负盈亏的单位,则实行"经费自给,收大于支"的结余部分上缴的财务管理办法。

---

① 隋路.国家意愿与体育经济政策的形成[J].体育学刊,2005(04):4-7.

作为国家投资的一个分支,体育投资体制受到国家整体基本建设投资体制的制约和影响。随着国家投资体制改革的不断推进,体育投资体制改革也在逐步深化。长期以来实行的福利型和国有企业的供给模式逐步被打破,体育投资向产业化方向发展,逐步引入市场方式,投资呈现多元化特征。但就国家而言,传统体制中体育设施发展的公益投资模式并未被打破。

（三）分税制改革下的体育财政保障制度

建立社会主义市场经济体制目标的确立,促使我国体育改革进入了一个新的历史阶段。1992 年 11 月,国家体委在广东省中山市召开各省份体育委员会主任座谈会,强调在学习贯彻邓小平南方谈话和党的十四大精神的基础上,重点关注深化体育改革的意见,明确了体育改革不是修改原有的体育制度和运行机制的细节,而是要遵循社会主义市场经济体制和现代体育发展规律的要求,开展原始体育运动,体育系统的根本变化是社会主义体育的自我完善。在中山座谈会基础上,1993 年全国体育委员会主任会议制定并发布《国家体委关于深化体育改革的意见》及 5 个配套文件,确定了体育改革从 20 世纪 90 年代到 21 世纪初的基本指导思想,即按照党的十四大提出的建立社会主义市场经济体制的要求,着重改革体育体制,转变经营机制,加快新旧体制的转型。在这一重要思想的指导下,20 世纪 90 年代体育改革的总体目标是改革现有的体育体制和运行机制,实行与市场经济体制相适应的体育体制变革,改变高度集中的、主要依靠行政手段的体育发展模式,构建符合现代体育运动规律,依托社会,自我发展,充满生机与活力的体育机制,形成国家办与社会办相结合、集中与分散相结合的格局,初步建立具有中国特色的社会主义体育新机制。[①]

随着我国经济体制改革的不断发展,要真正使市场在国家宏观调控下的体育资源配置中发挥决定性作用,就必须彻底改变政府对体育财政安排的旧模式,建立新型的财政投入机制,规范方向、目标和方法,进一步促使体育金融投资成为国家宏观调控体育发展的有力手段。在预算管理方面,强调财政拨款和单位收入的统一管理,规定部门和单位的收入纳入预算,由财政部门管理,统一核算。在实际工作中,主要是加强收支管理,优化支出结构,确保关键

---

① 杨桦,陈宁,郝勤,等.改革开放以来中国体育发展战略的演进与思考[J].成都体育学院学报,2002
　（03）：1-7.

支出。在输入范围方面,对于没有稳定的经常性收入单位,实施全额预算定额,超支和余额保留的方法;对于收入稳定的单位,实行经批准的支出与收入,固定利率补贴,超支和余额保留;对于基本上可以自给自足的单位,在资金和福利待遇方面可以采取给予某种优惠政策的方法。就财政投入总额而言,政府对体育的投资需要随着国家财政收入的增长而增加。

1994年实施的分税制改革,明确了中央与省级政府之间的财权与事权的划分,但省级政府之下的地级市、县级与乡镇政府间的关系一直缺乏完整、明晰的界定。各级政府纵向关系的混乱导致出现事权下放、财权上移、权责不清等现象,加重了县级政府的财政负担,直接影响了基层政府的基本公共服务的供给与保障。同时,在分税制改革过程中,横向转移支付制度的不健全,使政府间的财政关系不明晰,既加大了各省份之间公共体育服务供给的差异,又使经济欠发达的省份以及乡镇的公共体育服务与发达地区和城市的差距进一步拉大。

随着社会主义市场经济体制的建立与分税制财政管理体制的实施,我国体育事业财政保障制度也逐渐适应新形势并进行了相应的改革。1993年,国家体委、财政部联合发布了《体育事业单位财务管理办法》,并于1994年1月1日起执行,强调要充分发挥体育事业的多元功能,走多渠道、多层次、多形式筹集资金,依托社会、依托市场发展体育事业的道路,逐步增强体育事业自我积累、自我发展的内在活力和动力;支持和鼓励体育事业单位面向市场,走向市场,以体为主、多种经营,充分挖掘体育的经济功能,坚定不移地走体育社会化、产业化道路;根据体育事业单位的不同的特点和收支情况,分别实行全额预算管理、差额预算管理、自收自支管理以及企业管理。1997年,财政部、国家体委联合发布了《体育事业单位财务制度》,同时废止了1993年的《体育事业单位财务管理办法》。《体育事业单位财务制度》是我国规范体育事业单位财务行为的法规性文件,明确规定了体育事业单位实行"核定收支"、定额或定项补助、超支不补、结余留用的预算管理办法。体育事业单位定额或定项补助标准主要依据事业单位的特点、事业单位发展计划、单位收支状况以及国家财政政策和财力加以确定。《体育事业单位财务制度》相比《体育事业单位财务管理办法》更加制度化、规范化,其对体育事业单位的预算、收入、支出等财务工作做了详细的规定,同时还规定体育事业单位的财务工作应接受财政、审计、税务等有关部门和主管部门的指导、检查和监督。对于行政管理体制,改革的基本思路是按照精简、统一、效能的原则,转变政府职能,实行政事分开,要求政府将大量事务性工作交给事业单位和社会团体,把工作重点真正转移到宏观调控上来。

（四）1949 年以来我国体育财政制度的变迁总体情况

中华人民共和国成立之初,党和政府高度重视发展体育事业,在国家财政紧张的情况下,仍然从人力、物力、财力等多方面对体育事业的发展给予大力扶持,在较短的时间里,建立起了完整的体育工作机构和队伍,兴建了一大批体育场馆,这些措施促使我国群众体育和竞技体育取得了较大的发展,群众体育活动遍布城乡各个角落,体育健儿屡屡在国际赛场上为祖国争光。同时,也形成了高度集中的、行政型的体育管理体制,以及主要依靠行政指令和政府财政拨款的运行机制。

改革开放后,随着中国经济体制的逐渐转变,20 世纪 80 年代中国提出了建立有计划的商品经济体制。在此指导思想下,体育改革的重点是克服国有体育资源过度集中的弊端,其重点是对政府体育行政部门深化竞争机制。推动体育的社会化,体育技术水平的提高再次强调了体育工作社会分工的重要性。关于政府体育行政部门,为了改变国家对所有企业财务安排的旧模式,对体育产业的管理体制进行了改革。为缓解体育财政资金的短缺,促进体育事业的发展,国家财政继续加大对体育的投入,同时积极鼓励和支持体育机构充分利用其业务优势,拓宽财政资源,组织收入,增强自身造血功能。

1992 年,党的十四大提出我国经济体制改革的目标是建立社会主义市场经济体制,发挥市场在国家宏观调控下对资源配置的基础性作用,市场成为社会资源配置的主体。为了与社会主义市场经济体制相适应,国家支持和鼓励体育事业单位面向市场、走向市场,以体为主、多种经营,充分挖掘体育的经济功能,坚定不移地走体育社会化、市场化、产业化道路。体育事业由国家办与社会办相结合,社会化与产业化的格局已基本呈现。随着我国体育事业规模的扩大,社会体育需求呈现多样化,国家不可能承担体育财政经费的无限责任,必须多渠道开辟经费的来源渠道,由体育部门一家办向社会大家一起办转变。

第二节 我国公共体育服务财政体制的
现实考察及存在问题

一、我国公共体育服务财政体制现状

我国体育体制属于政府主导型,其主要表现为:中央政府设立了专门的体育行政管理机构对全国体育事业进行全面的管理,在体育政策的制定与实施、体育资源的配置方面政府起主导作用。我国各级政府都设有专门的职能部门管理体育,这类职能部门大致可以划分为两种:各级政府所属的体育局;各级政府部门中负责管理本系统体育运动的行政机关。具体来讲,一是隶属于国务院和各级政府的体育机构,如国家体育总局以及地方各级体育局(教体局、文体局)等,这些机构负责对体育发展进行总体规划和干预;二是各级政府专门机构中设立的体育管理机构,如教育、卫生、国防等系统内设立的体育管理机构,它们在贯彻执行国家有关方针政策的同时,结合本系统的实际情况,组织开展本系统内的体育工作。

在政府主导的体育体制下,各级政府体育管理机构介入群众体育、竞技体育、学校体育和体育产业等工作中,管理模式呈现出如下特点:一是政府办体育,如各级政府部门直接举办体育事业、提供体育服务;二是政府管体育,即体育事业和服务单位的管理生产和经营活动均由政府部门负责;三是政府养体育,即体育事业经费均由政府各级财政支出,所有的体育行为大多是政府行为或政府行为的延伸,行政命令成为体育管理的重要手段。

我国地方各级人民代表大会和地方各级人民政府组织法规定,全国地方各级人民政府都是国务院统一领导下的国家行政机关,均服从国务院的管理,地方各级人民政府对上一级国家行政机关负责并报告工作,执行上级国家行政机关的决定和命令;办理上级行政机构交办的其他事务。这些规定通常也适用于国家体育总局与地方体育行政部门之间的关系。国家体育总局和地方体育行政部门在体育业务上属于指导与被指导的上下级关系,地方体育行政部门要按照国家体育总局的工作部署和要求开展工作。在政府主导型体育体制下,我国建立了比较完善的各级各类承担部分体育管理职责的社会组织。

此类社会组织主要分为两种：一种是专门的社会体育组织,如中国奥林匹克委员会、中华全国体育总会;另一种是社会群团组织,如全国总工会、全国妇联、共青团和全国学生联合会等机构中设置的分管体育工作的机构。从总体上来看,上述社会体育组织大多从属于政府,在业务上都相应由各级体育行政部门及其他有关的行政部门归口管理。这些组织对体育事业的参与较多受到政府的干预和影响,在体育领域能够独立发挥作用的不多。政府在体育决策中扮演中心角色,并对体育组织给予行政和财政上的支持。体育组织与政府关系密切,政府任命人员管理各级体育组织。在中央层面,中华全国体育总会、中国奥委会与国家体育总局实际上是一个机构、三块牌子,国家体育总局承担中华全国体育总会和中国奥委会的日常工作;在地方层面,省、市、县体育局与体育总会通常也是一个机构、两块牌子。

二、我国公共体育服务财政体制存在的问题

当前,我国公共体育服务体系的建立还不完善,公共体育服务财政投入体系仍然存在着诸多问题,特别是在公共体育服务保障体系建设和发展方面还存在着很大的改善空间。现阶段政府部门职能在体育事业发展方向与工作重心方面也在不断进行着调整,正处于由管理型政府向服务型政府转变的关键时期;同时,这一时期也是完善公共服务的关键时期,许多政策、制度尚存在不完善之处,需要政府和社会各界不断努力来改善和解决。

（一）政府财政投入的缺位与错位

现阶段,我国开始强调体育强国的建设,实施体育强国的战略,体育发展的地位上升到一个新的层次。在这个发展过程中,应该充分认识到政府的财政帮助并不能涉及方方面面,不可能做到无限多地投入。相较于政府对竞技体育的财政投入而言,对公共体育服务的财政投入主要存在着缺位和错位两种形态,这种体育财政投入结构严重失衡的状态或许将长期存在,调整与完善还需要政府自下而上的改革与社会群众的建言献策[1]。

---

[1] 穆瑞杰.我国公共体育服务体系的多元化建设与实证研究[M].北京:中国商业出版社,2017.

（二）分权化改革后地方政府竞争加剧

改革开放以来，我国进行了财政体制改革，地方政府的财权进一步扩大，有了更多的财政收入和支配自由，地方政府的财政收入实现了最大化的增长。在财权方面，地方政府的状况发生了改变。首先，收入来源发生了很大的变化。在财政制度改革前，地方政府收入主要依靠中央政府财政拨款；财政分权后，地方政府的收入与本地地区经济收入发展直接挂钩。其次，财政余额流向发生了很大的变化。在财政制度改革前，地方财政余额不会纳入政府的目标函数；财政分权后，地方政府可结合本地情况合理支配各项财政资金资源，真正成为地方税金剩余的索取者，成为具有独立经济利益的政治组织。这对地方政府大力发展本地经济，实现经济效益的最大化具有极大的激励作用。但同时也容易加剧各地政府之间的竞争，这种竞争会促使地方政府把更多的资金投入低投入、高产出的各项事业当中，如竞技体育更能彰显政府的政绩，而对于关系民生的、需很长时间才能看到成果的公共体育服务、义务教育、最低生活保障、医疗保健等领域却欠缺重视与投入。如此，地方政府财政投入很容易形成头重脚轻的局面。

（三）分税制财政管理体制不完善

当前，我国各领域共享税种数量不断扩大，占全国税收的比重不断增大，地方税收体系进一步弱化，目前真正属于地方税种的只有营业税、房产税等。2012年，营业税改成增值税，这一改革导致营业税在地方税务体系中的主体地位进一步弱化，违背了分税制改革财权与事权统一的原则，致使各级政府间财权、财力不均衡，事权层层下放。一方面，随着我国公共财政改革的深化，国家财权上收；另一方面，政府事权层层下放。各级政府间的事权下放对地方政府财政投入方向与力度都产生了非常重要的影响。对于地方财政来说，若财政收入有限，在支出方面就要充分考虑财政资源支配的问题。一般来说，义务教育、基础设施等公共物品为刚性需求，而且财政支出大，不能随意缩减，这就导致地方政府在有限的财政收入上，对其他方面的投入更加谨慎。地区间的经济发展不平衡，使得有条件的政府可以支出一部分资金用于公共体育服务建设，而财力比较紧张的地方政府，在公共体育服务方面就显得心有余而力不足。政府间的转移支付失效主要表现在以下两个方面：一方面，税收返还制度畸形,地方政府的财政支出与收入更多的是考虑地方经济的发展,为了追求地方经济的既得利益,地区间的马太效应非常严重,财力分配不均的问题很难在短时间内得到有效解决,在公共服务方面,地方政府间差距较大,即使同一个地区,也很容易产生竞技体育与群众体育发展的不平衡;另一方面,转移支付结构不合理,政府间转移支付失衡现象普遍存在。目前,转移支付偏低使得地方政府没有足够的资金用于公共体育服务体系建设。这是我国各地政府普遍存在的一个问题。

（四）科学系统的公共财政投入绩效评价指标体系缺乏

我国公共体育服务财政投入方面的法律法规几乎没有,现有能找到关于政府应当提供公共体育服务的法律依据主要是《宪法》第 21 条的规定:"国家发展体育事业,开展群众性的体育活动,增强人民体质。"《体育法》作为我国体育领域的基本法,对于公共体育服务财政投入方面没有做出相关的规定。就目前而言,仅有国家体育总局在"十二五"规划中对公共体育服务发展进行了相应的阐述。目前,我国尚未建立符合我国国情的完整科学系统的政绩评价体系,在体育领域,集中的问题表现为片面强调经济指标,忽视公共服务指标的建设。长期以来,我国政府工作的重点为经济建设,在公共服务方面的关注相对较少,公共体育服务方面的财政支出更是微乎其微,不得不承认,与竞技体育投入相比,群众体育投入大、见效慢。在这种情况下,地方政府更是长期以竞技体育金牌数量来衡量体育事业发展的成果,在对群众体育事业财政投入方面更多的是表现出不作为的状态,忽视公共体育的利益。

（五）公共体育服务多元化投入存在不足

目前,我国公共体育服务主要依靠政府财政资金,市场化的融资手段较为缺乏,市场化发展程度不高。调查显示,当前我国只有少数省份建立了体育发展基金会,且运作并不理想。在市场经济不断发展,市场化改革不断深入的今天,公共体育服务单独依靠政府供给的模式很难做到长远持久的发展。要想进一步建立和完善公共体育服务,就要充分发挥社会各方面的力量,在政府与社会、企业与群众之间建立一个互惠互利的利益融合点,增强社会力量对公共体育服务活动的资助回报,提高社会力量兴办体育活动的积极性和自觉性。

（六）公共体育服务财政管理粗放

公共体育服务财政管理的粗放性特点是导致当前我国公共体育服务财政投入不合理和产生各种问题的重要原因,具体表现如下。其一,公共体育服务财政资金很多情况下缺乏统筹安排,造成项目重复,浪费低效。其二,公共体育服务财政往往缺乏资金使用导向,社会资金闲置现象严重。其三,公共体育服务财政投入重支出、轻管理。其四,公共体育服务财政投入缺乏科学预算,在政府资金投入方面缺乏监管。其五,公共体育服务财政绩效缺乏有效的评估。

第三章
发达国家公共体育服务财政投入启示与借鉴

美国、德国、英国、澳大利亚、日本等发达国家公共体育服务基本形成了政府、社会团体、市场组织以及个人等多元化的经费投入格局,其公共体育服务财政投入模式可为我国公共体育服务发展提供借鉴和参考。

第一节　发达国家公共体育服务财政投入状况

从本质上来讲,提供公共体育服务是政府公共财政的主要责任之一,因而提供公共体育服务的经费来源主要是政府的财政拨款,即政府财政投入是公共体育服务事业发展的重要资金保障。20 世纪 80 年代以来,新加坡、德国等许多国家都削减了政府的财政支出,但是公共部门以及公共体育服务的财政支出几乎没有削减,反而保持逐年增长的趋势。例如,新加坡全国体育协会为了更好地开展体育发展计划,2007 年体育财政年度获得 3 190 万美元的财政拨款,比 2006 年的 3 110 万美元增加了 2.6%,德国联邦政府为了重回夏季奥运会奖牌榜的前列和在冬季奥运会继续保持世界领先水平,2008 年体育预算达到 1.258 亿欧元,比 2007 年增长了 1 730 万欧元;2010 年德国在总体经济形势困难的情况下,联邦政府体育的预算额度仍达到 1.4 亿欧元,比 2009 年增加了约 500 万欧元,这足以证明政府在经济不景气时依然重视财政对公共体育服务的保障支持作用。

笔者主要参照国内学者的几种观点,将国外公共体育服务管理体制划分为政府主导型、社会主导型、政府与社会结合型三种。由于体育管理体制的不同,这里主要将各国体育经费来源结构分为三种类型。第一种类型主要是与国家管理型体育管理体制相适应的拨款型结构,即公共体育事业经费主要靠国家财政预算中的体育拨款,使之与各系统规定的体育开支相结合,以行政手段为指令,定量下达。第二种类型主要是与社会管理型体育管理体制相适应的筹款型体制,即政府不包办公共体育事业的活动经费,大部分开支均由社会体育组织自行筹备与规划,只有在特殊情况下政府才会给予必要的补助。第三种类型是国家和社会参与相结合的体育管理体制,即政府和社会结合型,政府对社会体育组织给予必要的拨款,保证其基本经费开支,其余活动经费由体育组织自行筹集,必要时,政府从政策、法规或财经经费上给予优惠与扶助。以下以美国、德国、英国、澳大利亚、日本等发达国家为例,具体分析其公共体育服务财政投入情况,以期对我国有所启示。

一、美国公共体育服务财政投入

在社会管理型体育管理体制中,中央政府除了给予相关体育组织一定的经济支持外,不设立专门的体育管理机构,基本上不干扰体育管理,充分保证其独立性与自治性立场。国家体育政策的制定和实施、体育资源的配置以及体育管理基本由体育社会组织承担。属于此类管理体制的国家以美国和德国为代表。

(一)美国公共体育服务管理体制

美国政府并没有专门的体育管理机构来负责协调发展体育工作,社会组织和私人企业在国家体育事业发展中扮演着重要角色。这是美国公共体育服务管理体制最显著的特点之一。美国奥林匹克委员会(简称美国奥委会)管理国家队参加奥运会以及促进业余体育、群众体育发展等事务。联邦政府参与体育管理很少涉及体育政策领域,且联邦政府间接参与体育管理的部门之间合作不多。尽管美国联邦政府不直接参与公共体育服务的具体管理工作,但这并不意味着公共体育服务事业是一项无价值和没有社会意义的事业。在联邦政府中,有多个部门间接参与公共体育服务事业的管理,例如卫生和公众服务部、总统健康与体育委员会、内政部、劳工部等。公共体育管理的方式主要是制订大众体育事业的发展规划,如美国卫生和公众服务部从 1979 年起,每 10 年颁布一次被称为"Healthy People"(健康公民)的大众体育发展计划,2010 年颁布了最新版本的《健康公民 2020》。此外,美国卫生和公众服务部还发布具体的体育指导计划,如 2008 年颁布的《美国人锻炼指南》。这为城市居民修建城市公园和娱乐设施,以及体育资源的开发等提供了参考和依据。

（二）美国公共体育服务财政投入政策

美国国家和地方政府部门利用法律手段对体育事业发展进行调控,有力地推动了各地公共体育服务事业的蓬勃发展。美国在适用法律上会优先考虑传统遗留下的习惯、判例,法官拥有解释权且其解释具有法律效力。个案解释余地大,使美国法律具有较大的灵活性与变动性,但这样容易出现主观判断。这也是美国法律政策的一个弊端。美国还是一个多种族的联邦制国家,立法形式以不成文法为主,其体育法采用的是合并式立法模式,具有调整范围宽、覆盖内容多、普适性强的特点。

美国虽然是典型的判例法国家,在公共体育服务法制方面却通过大量的成文法来促进公共体育服务的发展。美国公共体育服务发展法律调控措施主要有以下特点。第一,不断地制定和完善相关的配套法律措施,使公共体育服务的法律规范得到有效的实施。例如,1978 年出台了有关妇女体育、体育新闻、制止体育暴力、体育教学等方面的法律规范。这样,日趋完善的大众体育法律体系保障了美国公共体育服务的发展。第二,实施奖励措施。在公共体育服务的发展中,通过确立相应的奖励制度能够有效地激发国民参与体育事业的热情。例如,美国建立了鼓励大众体育发展的"体育总统奖",并设立了相应的制度。第三,成立专门机构,解决体育纠纷。为了使发展大众体育的法律规范得到落实,美国在 1976 年成立体育律师协会,专门以法律手段来解决大众体育的纠纷问题。

美国公共体育服务相关立法非常丰富,涵盖了体育教育、体育运动与锻炼、体育组织与管理、体育保险与体育权利等诸多领域。1978 年,美国国会通过《业余体育法》,赋予美国奥委会对美国业余体育的最高领导权。这一规定从根本上解决了众多组织长期对立的矛盾,为业余运动员的体育事业发展活动权利提供了法律保障。在体育健康促进方面,自 1980 年以来,美国每隔 10 年更新一次大众体育健康政策,如《健康公民 2000》《健康公民 2010》《健康公民 2020》等一系列全民健身战略规划的发布;面对当前美国人越来越多体重超重以及肥胖率逐年提高的态势,美国政府尽可能通过各种法律规范来调控群众的体质健康[①]。

(三)美国公共体育服务财政经费收入与使用

虽然美国经济发达,但在公共体育服务的经费投入上也不是单独由政府财政承担,而是采用政府与市场相结合的方式,通过制度创新,形成了"公私合营"或"民办公援助"的新模式。例如,在一些基本体育设施的建设中,政府一般投资一些半公共产品或是有利可图的公共体育服务,并鼓励市场和社会投资。在社区体育的发展和建设中,主张以政府为主导投资建设公共体育设施,同时鼓励企业或社会组织共同建设社区体育设施,从而丰富社区体育的资金来源。美国州政府或市政府主要以发行债券作为扩建和维修体育场馆建设的主要手段,一般包括强制公共债务、收入公共债务、参与券和增税融资等几种模式。在大型体育场馆建设中,主要采用公私合营模式和"建设—运营—转移"模式。

美国奥委会的财政收入主要由净出资收入(政府及社会资助)、美国奥林匹克商标权利收入以及许可证发放特权收入这三项构成。净出资收入在收入总额中的占比从 2011 年的 28.6% 下降至 2015 年的 7.9%,呈整体下降趋势,说明美国奥委会逐渐摆脱对于政府与外部投资的依赖,而更倾向于自身价值的投资与利用。比如,美国奥委会充分利用商标的价值,筹集了大量的资金供自己使用。美国奥委会将支出分为两个类别,即项目服务(用于资助成员、残运会和相关服务)和辅助性服务(包含募款、市场消费和行政管理费用),每年将约 2/5 的资金用来资助项目服务(各地区的运动组织),充分调动各组织的积极性,使财政资金发挥更多的作用。美国政府对大众体育的投入能达到国内生产总值的 1% 左右,而地方政府投入也远比联邦政府要多,其余所需经费主要来自社会团体自筹以及商业化运作等。美国大众体育发展的经费来源具有多元化的特点,场地设施建设资金主要来源于政府的财政补贴,而且地方政府的补贴远远多于联邦政府。美国的社区体育用地是通过立法来保证的,同时政府大力提倡私人及各种社会团体共同兴建体育场地设施。政府对大众体

---

① 谢叶寿.美国政府购买公共体育服务的经验与启示[J].南京体育学院学报(自然科学版),2017,16(03):6-11.

育的投资方式包括直接的财政补助和间接的社会投入。1976年美国成立总统奥林匹克运动委员会后，国库一次性拨款2.15亿美元，然后每年拨款8 300万美元给负责业余体育的中央组织。根据调查，1996—2006年，美国政府直接性的财政补助达到了约140亿美元。政府通过各种财政补助，同时运用免税、转让土地、低价出租等政策手段为体育场馆建设筹集资金并提供帮助。

二、德国公共体育服务财政投入

（一）德国公共体育服务管理体制

德国是典型的社会主导的体育体制。德国与体育运动有关的部门和机构分为两部分，即官方机构与非官方机构。德国政府机构由联邦政府、州政府和地方政府组成。德国政治制度采用分权制，当地政府享有自治权。根据国家的基本法，各级政府的职责得以明确，而这种政治制度产生了德国的体育治理的自治模式。德国体育管理机构框架如图3-1所示。

德国联邦政府在20世纪70年代就不再设立专门的体育管理行政机构，政府把体育管理的权力和任务交给了社会体育组织。2006年5月，德国体育联合会（Deutschem Sportbund，DSB）和德国奥林匹克委员会（Nationalem Olympischen Komitee，NOK）合并为德国奥林匹克体育联合会（DOSB，简称德国奥体联）。之后，奥体联成为德国体育的最高管理机构[1]，国家体育政策的制定、实施以及体育资源的分配基本都由其负责。德国体育社会管理结构如图3-2所示。

德国政府在公共体育服务发展中可以对相关政策、措施提出建议，并对公共体育服务设施的建设提供资助，但可不干预公共体育服务管理事务。政府在公共体育服务管理中只扮演协作者的角色[2]。德国联邦、州、地方3级政府分别采用不同的方式支持公共体育服务。① 联邦政府：主要发挥总揽全局、协调各方的作用。当有些体育事务对国家有重要意义，而各州又不能单独承担时，由联邦政府负责。德国联邦政府中有11个部门的职责涉及体育事务，内政部负责支持竞技体育的开展，国防部负责管理军队体育，家庭、老年人、妇女和青年部积极支持特殊群体的体育活动，外交部在政治文化事务的范围内促

---

① 刘波.德国体育体制研究对进一步完善我国体育体制的启示[J].北京体育大学学报,2011,34(11)：5.
② 李向东.中国与德国体育管理体制的比较研究[J].体育文化导刊,2005(05)：53-55.

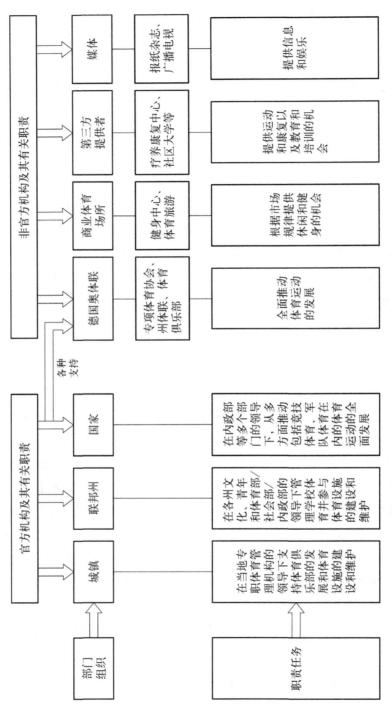

图 3 - 1 1990 年之后德国体育管理机构框架

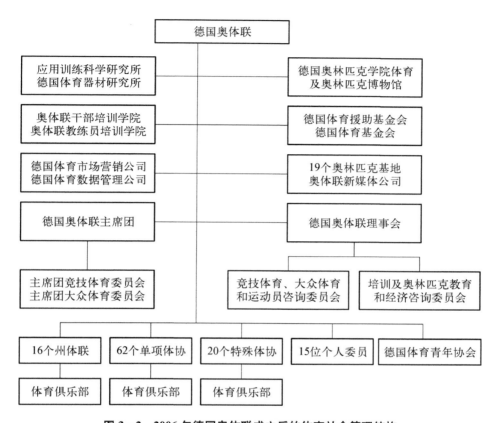

图3-2　2006年德国奥体联成立后的体育社会管理结构

进体育运动的发展等,其中内政部最能代表政府对体育的关注。② 州政府:各州政府都设有主管体育的部门,通常由文化、青年和体育部管辖,个别州的体育事务由社会部和内政部主管。学校体育是德国各个州政府管理体育的主要体现。此外,州政府也参与体育设施的建设与维护工作。③ 地方政府:城镇地方政府主要负责支持体育俱乐部的发展,管理体育设施的建设、维修和翻新。在这一级政府中通常设有专职的体育管理机构,有专门的分管体育工作的负责人。联邦德国的宪法规定,体育联合会和俱乐部享有组织上的自治,原则上,体育类协会和俱乐部实行经费自筹、自我管理的制度,政府只辅助性地资助,不干涉内部管理事务。

　　而德国公共体育服务的发展凸显了俱乐部机制的优势。体育管理部门和协会对体育俱乐部的管理一般采取分级、分协会管理的方式,并根据体育俱乐部的会员规模、年度计划、年度开展活动的次数、参加的人数及影响力等主要指标,无论体制内外,给予不同的经费资助①。德国体育组织管理模式是建立在俱乐部基础之上的(见图 3 - 3),德国的体育俱乐部发挥着主导作用。从1816 年第一个体育俱乐部成立到 2006 年,德国体育俱乐部的数量已达到90 467 个,会员 2 732 万人,占全国人口的 33.4%。德国体育俱乐部绝大多数属于"注册协会",根据德国的《协会法》,作为法人,"注册协会"具有法律行为能力。德国体育俱乐部的最大特点是非营利性,但即便如此,俱乐部的运行也不依靠政府的资助;俱乐部的收入主要源自会员缴纳的会费,日常也会通过聘用兼职人员来降低成本,并且随着职位的提升,兼职比例越高。不同级别、不同规模的体育俱乐部在德国体育公共服务中担负着重要的组织管理作用②。

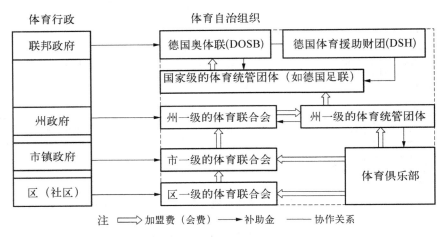

图 3 - 3 德国体育自治组织框架③

(二)德国公共体育服务财政投入政策

德国是一个拥有强大民族凝聚力的中央集权国家。德国立法形式主要是成文的法,其体育法采用独立的立法模式。德国体育立法的目的明确,且立法内容明确有序,便于在实践中实施。

联邦德国奥林匹克委员会的下属组织德国奥林匹克协会于 1959 年提出

---

① 鲁毅.德国体育管理体制及其对我国体育发展的启示[J].广州体育学院学报,2016,36(04):1-4.
② 刘波.德国体育俱乐部建制探析[J].体育与科学,2007,28(03):57-60+64.
③ 何金廖,张修枫,陈剑峰.体育与城市:德国城市绿色空间与大众体育综合发展策略[J].国际城市规划,2017(05):44-48.

了以大力兴建体育设施为主要内容的第一个"黄金计划"(1960—1975 年),1960 年经过政府正式批准实施。这项计划共耗资 174 亿马克,其中城市和乡镇承担了约 63% 的费用。[①] 第二个"黄金计划"(1976—1984 年)投资约 76 亿马克,基本延续了前一个"黄金计划"的思路,继续将体育设施建设作为实施重点。与上一个计划显著不同的是,第二个计划提出了更高的标准和要求,针对不同人群的需求进行了各类体育场馆设施的建设。[②] 第三个"黄金计划"(1985—1990 年)投资近 150 亿马克。其政策导向重点有两个:一是改善现有场地,促使体育场地设施器材设备的现代化,以满足广大群众多种健身功能需求;二是采取措施增建新场地。1990 年德国统一后,德国政府和德国体育联合会提出了"东部黄金计划",将"黄金计划"系列的实施扩展到原民主德国地区,以期缩小东西德地区体育场馆设施条件的差异。[②]这项持续多年的计划对德国东部各州和柏林东部地区的基层体育设施进行了重建、扩建和改造,明显改观了原来东德地区的体育场馆设施条件。[③]三个"黄金计划"及"东部黄金计划"的实施总体上是相当成功的,德国的体育设施情况得到了根本的改善,为德国体育的发展奠定了坚实的场馆设施条件基础。

在大众体育方面,"黄金计划"和"德国体育奖章"是多年来一直沿用的两项较为重要的政策与制度。"黄金计划"由德国奥林匹克协会于 1959 年提出,旨在兴建大量体育场馆。"黄金计划"的实施得到了联邦德国政府、议会和各党派的支持,体育场馆的数量与质量得到了较大的增加与提高。[③] 德国体育奖章制度从 1913 年开始推行,奖章由德国体育联合会颁发,旨在表彰那些通过测试,且身体素质超过平均水平的人;自推行以来,该制度测试力量、速度、耐力和协调性等运动机能的宗旨一直未变。在发扬光荣传统的同时,该项制度也注意与时俱进,将滚轴溜冰和越野行走等富有时代感的项目纳入测验门类,力争使这项活动更加现代化,进一步增强德国体育运动奖章的吸引力。每年,德国有 150 万~200 万人参加体育运动奖章的测试,有超过 90 万人通过测试。[④] 此外,德国

① 王占坤.浙江省公共体育服务体系建设研究[D].福州:福建师范大学,2015.
② 周晓军.德国体育场馆管理模式的特点及其启示[J].南京体育学院学报(社会科学版),2011,25(04):33 - 36.
③ Smith, A. Reimaging the city: the value of sports initiatives[J]. Annals of Tourism Research, 2005,32(01): 217 - 236.
④ 侯海波.德国体育运动奖章体制简介[J].中外群体信息,2009(03):11 - 24.

还于 2000 年颁布了《德国体育指南》[①],且在 2002 年开始了"体育使德国更好"的大规模全民健身活动。上述各项政策措施为德国体育公共服务发展提供了保障(见表 3-1)。

表 3-1　德国公共体育服务相关政策措施

分类	名　称	时间	内　容
公共体育设施	"黄金计划"系列	1960—1975	耗资 174 亿马克,其中地方政府承担了约 63%的费用,总共修建 67 095 个体育设施,包括 31 000 个儿童游乐场、14 700 个中等规模的运动场、10 400 个体育馆、5 500 个学校体育馆、2 420 个露天游泳池、2 625 个教学游泳馆、50 个游泳馆等
		1976—1984	此阶段在前一个计划的基础上对体育场馆设施建设提出了更高的要求和标准,具体规定了要达到的人均体育场馆面积:室外运动场人均面积 4 m²、体育馆人均面积 0.2 m²;游泳馆水面人均面积 0.01—0.25 m²,露天游泳池水面人均面积 0.05—0.15 m² 等
		1985—1990	该计划有两个重点:一是升级改造现有场地,包括对现有场地设备进行现代化更新,以提高功能;二是通过各种方法新建若干体育场地设施,具体指标:新建 2 000 个新体育场、6 600 个练习场地、6 400 个网球场、500 个壁球场、700 个射击场、50 个高尔夫球场、450 个跑马场和 600 个跑马馆等
全民健身系列	● 德国体育奖章制度 ● 体育的第二种方式	1913 1960	● 主要增强国民体育意识,提高国民体育热情,达到强身健体的目的,至 1988 年获此殊荣的民众已累计达 2 000 多万人次 ● 标志着第一次大规模全民健身活动的开始,是联邦德国的全民健身计划,目的是让"体育为所有的人服务",并以具体的措施让更多人参与体育
	● 锻炼活动 ● 最佳的运动在俱乐部 ● "体育使德国更好"	1970 1987—1994 2002	主要通过各种宣传鼓励民众参加健身活动,并争取改变民众对体育锻炼的态度,鼓励民众积极加入俱乐部

① Deutscher Sportbund. Sport in Deutschland［M］. Frankfurtam Main:Deutscher Sportbund Generalsekretariat,2003:30-31.

续　表

分类	名　　称	时间	内　　容
俱乐部制度	德国宪法俱乐部法	19世纪末—20世纪初	德国宪法规定了体育俱乐部和体育协会的自治性,确定了其"独立"和"自我负责"的基本原则,德国对非营利性体育俱乐部的发展提供了一些优惠政策,如实行减免税,大多数俱乐部根本不用交税。体育协会和体育俱乐部的捐赠者同样可以享受减免个人所得税的优惠政策,只有俱乐部成员才可免费使用体育场馆

资料来源:笔者根据相关资料整理。

德国体育公共政策特点明显,主要以"独立"和"普及"为导向。学者缪佳(2014)指出,德国全民体育是建立在体育政策始终导向大众的基础上,并有普及性、公益性和持久性三大特征。[①] 首先,"黄金计划"系列的目的就是要让大多数民众在自己家门口找到免费的运动场所,为大众体育创造基本的设施条件。其次,德国体育的公益性是通过志愿者服务实现的。俱乐部成员缴纳的会费很少,资金的欠缺使俱乐部无法正常营运,所以俱乐部成员通过无偿工作弥补经费的不足和保障俱乐部的运作,而这种志愿服务又是社会公益服务的一部分。最后,德国体育政策的持久性表现在:不仅有百年的"黄金计划",还有百年的"德国体育奖章"制度。侯海波认为,德国体育政策确定了体育"独立"和"自我负责"的基本原则,倡导各级各类部门和组织之间的协调配合,有效提升了公共体育服务的水平;这些部门和组织积极寻求企业赞助,拓宽了大众体育资金来源渠道;相关部门制定政策,采取各类措施,调动了民众体育志愿服务积极性。[②]

（三）德国公共体育服务经费的来源与使用

在西方发达国家,体育事业经费支出一般占国民总收入1%以上,其中绝大部分用于公共体育服务。日本休闲白皮书调查资料显示,西方政府对大众体育的投资一般占GDP的0.2%—0.6%,地方政府投资远远超过中央政府。

① 缪佳.德国体育政策3大特征[J].上海体育学院学报,2014,38(01):8-11.
② 侯海波.德国大众体育发展现状及成功经验探析[J].山东体育科技,2014,36(03):95-99.

而德国公共体育服务经费来源渠道非常广泛,除政府对有关体育社团给予一定的经费支持外,其经费还来自会员费、电视转播、体育彩票、俱乐部、社会捐助、比赛门票、财产分红等。德国体育社会团体通过市场手段获得的经费通常占其总收入的80%左右,各级政府拨款只占总收入的10%左右①。

德国公共体育服务的资金来源之一是州政府的财政拨款。德国政府每年对体育的投资一般占国民生产总值的1%以上,国家投资约占公共体育投资总额的10%,而当地投资约占总体投资的90%。在2010—2015年,德国的体育基金占国民生产总值的1.4%,其中98%来自地方政府,中央政府只占约2%。彩票收入是德国政府财政拨款的重要组成部分,也是公共体育服务资金的主要来源。在德国,企业赞助也是公共体育服务经费的重要来源。赞助者既有规模大的体育俱乐部、大牌企业,也有社区的小企业、小商店等。赞助方式也多种多样,许多俱乐部会在会所内张贴赞助商的名单,以示感谢,并与企业保持着良好的关系。其中,德国储蓄和转账银行协会既是德国奥体联的奥运合作伙伴,又是其大众体育的合作伙伴。目前,德国储蓄和转账银行协会约90%的体育赞助经费流向大众体育,德国80%的体育俱乐部得到了其下属银行网点的赞助。② 社会团体自筹也是德国公共体育服务经费的重要来源,一般体育俱乐部经费中政府资助占20%,自筹占80%,主要包括社会捐赠、基金会资助、会员会费、企业赞助、场地出租及门票出售等。德国政府对大众体育的投资比例并不大,地方政府投资占比较大的比例,私人投资也占到一定的比例。根据德国经济技术部公布的调研结果,德国大众体育2010年得到的企业资助(约21亿欧元)明显高于竞技体育(约11亿欧元),大众体育的受助者数量约90 000家,其中大部分为俱乐部,大众体育受助额高于竞技体育,这就促使德国群众体育事业发展得繁荣旺盛。其中,体育志愿服务的常态化更是为国家公共体育服务开销节省下一大笔钱。③ 以每小时劳务费15欧元计算,每月志愿者的劳务价值可达5.58亿欧元,每年可以节省近70亿欧元④。

① 刘玉.发达国家体育公共服务社会化改革实践及启示[J].成都体育学院学报,2011,37(03):1-5.
② 德国经济技术部官网.Schlaglichter der Wirtschaftspolitik-Monatsbericht 02/2012[EB/OL]. 2014-03-28http://www. bmwi. de/Dateien /BMWi/PDF/Monatsbericht/schlaglichter-der-wirtschaftspolitik-02-2012, property=pdf,bereich = bmwi,sprache=de,rwb=true. pdf.
③ 侯海波.德国大众体育发展现状及成功经验探析[J].山东体育科技,2014,36(03):95-99.
④ 曹晶.英国公共体育服务体系的运行机制研究[D].成都:成都体育学院,2015.

三、英国公共体育服务财政投入

英国采取政府与社会一体化的体育管理体制,即属于政府与社会相结合型。其中,国家体育管理职能主要由准行政组织和体育协会承担。虽然政府也建立了体育行政机构,但它只是承担准行政机构主要领导人的任命和财政支持职能,其他管理职能完全由准行政机构承担。当前采用政府与社会结合型的体育管理体制的国家主要以英国与澳大利亚为代表。

(一)英国公共体育服务管理体制

英国政府部门是相关政策的制定者,同时也是公共体育服务事业发展资金提供者。政府制定政策就公共体育服务事业供给不足及问题提出有效解决方案,为负责"草根运动"的英格兰体育理事会与英国体育理事会提供由财政和彩票基金而来的资金。英格兰体育理事会听取专家建议,借鉴以往投资经验,根据当地实际情况,做出合理决策,决定怎么使用财政拨款和国家彩票提供的资金来帮助人们养成运动的习惯和提高国民体质健康。

根据 1993 年国家彩票运动相关规定,英格兰体育理事会是国家彩票资金法定分配者,同时负责分配财政资金。英国体育理事会成立于 1997 年,主要职责:发展高水平的竞技体育、培养竞技体育人才、执行世界级运动员计划和组织参加国际赛事活动。文化、传媒和体育部对本国体育事业的管理主要是通过英国体育理事会和英格兰体育理事会执行实现的,同时对英联邦体育研究所进行财政经费支持,保持和提高本国体育科技的水平。资金来源主要是政府拨款,私营企业也提供一些补充。英国体育理事会和英格兰体育理事会是半官方组织。财务部门的主席和负责人由联邦政府直接任命,但与联邦政府和各部门没有从属关系。他们各自自治和独立。英国在地理上分为四个主要区域:英格兰、苏格兰、威尔士和北爱尔兰。四大区域体育理事会主席是英国体育理事会的主要成员,但四大区域的体育理事会和英国体育理事会并不属于上下级关系。每个地区都有一个体育委员会,是国家体育政策的执行机构,具有很强的行政权力。当然,英格兰体育委员会是最具有影响力的,它的职责是在英格兰制定体育战略,以实现政府的目标,为体育提供经济支持,并为公众提供体育锻炼机会。

（二）英国公共体育服务财政投入政策

英国最大规模的公共体育管理机构是英国体育理事会,其主要任务是对文化、传媒和体育部所推行的政策进行宣传与普及,对公共体育服务事业资金进行分配以及管理,对国家彩票收入资金进行分配是经过国家权威部门认定的。例如,在"让更多人参与体育运动"的政策中,2012—2017年财政和国家彩票基金会的投资超过10亿英镑,以帮助人们养成锻炼和实现政策目标的习惯。英格兰体育委员会为当地社区俱乐部提供特别资金,以支持"让体育成为一种习惯"的目标。例如,为年轻人提供10周的羽毛球训练,参加者来到场地,确保有专业的羽毛球教练与年轻人一起学习锻炼。这些服务是确保计划成功的关键因素,该计划已让数千名年轻人尝试这项运动。英国羽毛球与当地社区体育场馆合作,允许年轻人在俱乐部打羽毛球,而无须支付会费和场地费。此外,英国体育理事会创建了一个全新的人才运动员奖学金计划。这是一个与地方政府合作的综合计划,将提供良好的体育设施,确保稳定性,并与体育产业器材商合作,确保新体育器材的生产和有效利用,目的是激励成千上万的年轻人参加更具竞争力的体育运动,让所有学生都有机会参加竞争性比赛,无论他们的能力和经验如何。

（三）英国公共体育服务财政经费来源与使用

英国公共体育服务事业经费主要来自国家财政拨款和彩票公益金。其中,英格兰体育理事会负责群众公共体育服务供给体系的资金分配,具体由国家投资委员会和全国9个区域体育理事会进行资金管理与调控,资源主要通过社区投资基金的方式投入,社会投资基金优先投向那些通过公共体育服务体系发展建设审批的项目。当然,任何项目的申请都必须符合社区投资基金的规则、合格标准和申请程序。

英国社区体育组织经费来源主要有两个途径。一是国家财政拨款,英国政府每年对体育的投入占到国民生产总值的0.2%—0.6%,二是全国性彩票收入。国家财政补贴也包括从彩票、赌博和博彩运营商处得到的收入和征收的费用。英国社区体育组织虽拥有广泛的资金来源,但政府投资仍然起着主导作用。其中,社区体育经费,联邦政府拨款较少,地方政府的投入占大头。如2009年,体育局花费超过3亿英镑支持社区体育发展,其中1.25亿英镑来自国家财政,1.35亿英镑来自国家彩票销售收入,5 000万英镑来自私人募集和家庭消费。地方政府对公共体育的支出水平更高,每年增加约20亿英镑,增长率约为4%,主要来自地方税。这些费用通过有针对性的转移和公开竞标分配给所需的社区和体育组织。

谢叶寿在《政府向非营利组织购买公共体育服务研究》中指出,为保障公共体育服务供给质量和效率,要不断地促进政府购买公共体育服务,在政府购买中要先保证公共体育服务的公共性,并通过与体育非营利组织紧密合作来实现[1]。在服务购买的资金投入方面,英国政府的每一阶段改革都促使其向社会组织购买公共体育服务的力度不断加大。自20世纪90年代以来,英国社会组织得到的资助总额中,有47%来自政府。如今,在英国政府每年高达2 360亿英镑购买公共服务资金中,有11%的资金是用来向社会组织购买公共体育服务的[2]。在公共体育服务体育设施建设中,联邦政府和体育委员会不再负责公共体育设施的建设,相关责任的履行已移交给地方政府。联邦政府只通过预算和政策指导来掌握未来的发展方向。因此,英国公共体育设施的供应主要集中在地区一级,由地方当局和私营部门以及辖区内的第三部门管理。这三个主要实体组成了一个区域服务部门,即自愿社区服务部门。私营实体是该组织的一个有效的补充供应网络。英国政府投资的公共体育设施的所有关系都是将投资权与所有权分开的系统,投资建设者不一定是设施的所有者。目前英国的公共体育设施有三种管理方法,即自我管理、私人合同管理和独立的非营利组织委托管理。

四、澳大利亚公共体育服务财政投入

(一)公共体育服务管理体制

澳大利亚的公共体育服务管理系统与英国的基本相同。在国家层面,除澳大利亚体育委员会外还有许多体育机构,如澳大利亚体育联合会、澳大利亚体育学院、澳大利亚体育反兴奋剂机构和澳大利亚统计局体育部、澳大利亚教练委员会、娱乐业职业训练委员会、国家体育学院和主要体育公司,这些体育组织和澳大利亚体育委员会共同负责发展澳大利亚体育。澳大利亚联邦政府

---

[1] 谢叶寿.政府向非营利组织购买公共体育服务研究[M].芜湖:安徽师范大学出版社,2017.
[2] 周宝砚,昌外.英国政府购买公共服务特点及启示[J].中国政府采购,2014(11):72-74.

管理体育的最高权力机构是澳大利亚的环境、体育与国土资源部,但自1994年以来,联邦政府作出决定,环境、体育与国土资源部体育部门只保留对《澳大利亚体育委员会法》进行调整,以及任命澳大利亚体育委员会董事会和澳大利亚反兴奋剂总署董事会成员的权力,其他职能全部移交给澳大利亚体育委员会。因此,澳大利亚体育委员会是澳大利亚最重要的体育管理机构,代表联邦政府实施体育政策。在澳大利亚实施联邦制的一个好处是各州可以共同努力实现某些国家目标。尽管名称不同,但澳大利亚州政府已经建立了体育和休闲管理机构。

在澳大利亚体育委员会管理下,澳大利亚体育学院配备了高水平的教练以及世界一流的体育设施和研究机构,其主要任务是培养澳大利亚的精英运动员。澳大利亚体育联合会和澳大利亚奥林匹克委员会是澳大利亚最重要的体育社团组织。澳大利亚体育联合会的作用是向政府提供有关体育发展的建议,并在议员和政府机构之间进行游说,以确保澳大利亚体育组织寻求更多的资源和发展空间。与此同时,他们也与澳大利亚体育委员会成员合作承担一些具体的工作。[①]

（二）公共体育服务财政投入政策

澳大利亚实行联邦制度使各州可以共同协作以完成某些国家级目标。联邦政府认识到,体育不仅是澳大利亚文化不可分割的一部分,也有利于社会的发展,还可以改变人们久坐不动的生活方式,改善国民健康。自1996年以来,联邦政府公共体育财政投入从每年10万英镑增加到每年16万英镑,并酌情提供额外的赞助。[②] 澳大利亚体育的复兴政策如下:1992年,引入了"保持势头"政策,当年澳大利亚政府拨款4亿澳元,用于支持体育科学研究、运动员和教练的发展;在其他领域,如学校体育也受到更多关注;2002年,澳大利亚联邦政府发布了更实用的运动指南,以促进国家体育活动,以更实际的方式引导群众积极参与健康科学的体育锻炼活动。为了应对日益严重的儿童肥胖问题,联邦政府成立了国家肥胖工作组,并于2003年发布了关于扼制肥胖的国家政策文件;2004年,澳大利亚总理宣布,他将在4年内投入1.16亿美元的专项资

---

① 韦启程,牛森.中日澳大众体育管理体制模式的比较研究[J].山东体育科技,2005(03):52-54.
② 徐士韦.澳大利亚大众体育政策的演进述析[J].沈阳体育学院学报,2016,35(06):6-13.

金,通过增加课外体育活动和改善饮食习惯,有效解决青少年肥胖问题;为了帮助各个领域和各个层次的妇女参加体育活动,联邦政府为 2004—2006 年的妇女运动提供资金,用于培训和指导妇女的高水平运动。对偏远和农村地区妇女及残疾人,在 5 个关键领域提供了大约 40 万美元的赠款;2008 年,联邦体育部长推出了本地体育冠军计划,为 12—18 岁的全国青少年比赛或学校比赛提供每人或每团队 500 澳元的补助。[①]

(三) 公共体育服务财政经费的来源与使用

在财政资金方面,政府每年投入 1.5 亿澳元用于体育运动。澳大利亚最重要的一项收入来源是销售纪念品和提供专业体育服务,这是澳大利亚体育委员会在日常管理活动中获得的。正因如此,体育委员会非常重要,2010—2015年,体育委员会的这一收入占全国收入来源的 80% 以上。澳大利亚各州体育机构和组织的主要收入来源是澳大利亚体育委员会的年度资金分配。与英国一样,澳大利亚体育委员会非常重视各州体育机构的发展,每年的财政支出将体育机构的资金放在首位。2015 年,澳大利亚体育委员会设立 5 个项目,将资金分配给澳大利亚政府实体(关联方)、联邦政府组织、公共领域的地方政府组织、非营利组织和其他独立组织部门。在这些体育服务项目中,为非营利组织提供资金支持是澳大利亚政府对州体育组织的补贴,其占澳大利亚体育委员会 2010—2015 年 6 年总支出的 76%,自 2010 年以来逐年增长。公共部门,即政府机构的补贴支出在 6 年中只有 10% 左右。可见,非营利组织在澳大利亚体育委员会的财政支出结构中占据重要地位,甚至超过政府机构。此外,澳大利亚体育管理部门专注于教练的发展,并投入很多资金挽留优秀的教练和运动员。在 2012—2016 年,澳大利亚体育学院在这些领域的投资增加了 2 000万美元,以使自身作为国家竞技体育专业机构的作用得到加强。澳大利亚体育学院还负责向体育委员会提出建议,确定每个体育项目的资金分配。这将使更多运动员有机会使用体育学校的顶级训练和康复设施,同时,世界领先的体育研究成果也将更多地应用于运动员。

---

① 王晓波.澳大利亚的群众体育政策及其启示[J].体育文化导刊,2014(05):24-27.

五、日本公共体育服务财政投入

政府管理型体育管理体制是指中央政府设置专门的体育管理行政机构，对全国的体育事业进行全面的监控和管理，在体育政策的制定和实施以及体育资源的配置上起主导作用，而事务性工作主要由社会团体承担的体育管理体制。日本是采用政府管理型体育管理体制的代表国家之一。

（一）日本公共体育服务管理体制

日本政府最高体育主管部门是文部科学省体育与青少年局（简称体育局），下设大众体育科、竞技体育科、学校体育科、青少年体育科以及综合企划科，负责制定和发布所有有关体育的国家政策法规，对体育工作计划进行审批，对体育预算进行审批，组织全国性的大型体育活动和体育比赛等。全国 47 个都、道、府、县和大约 3 200 个市区町村政府均设有教育委员会，各级教委一般都设有竞技体育科、大众体育科和学校体育科。下级机构要向上级汇报工作、申请经费，上级机构则负责审批、拨款以及监督执行。这一管理体系是日本政府对大众体育和竞技体育实施管理的主要支柱。在大众体育方面，日本体育协会（简称日本体协）是最高级别、最具权威的体育社团组织，日本体协承担和实施文部科学省的大量具体工作，主要是大众体育方面的工作，与竞技体育和青少年体育密切相关，如组织体育少年团建活动、推动各地建设综合型社区体育俱乐部、开展国际体育交流、培养体育指导员等。日本体协的下级机构是都、道、府、县体协和市区町村体协，实行相对宽松的分级管理体制，各级体协有很大的自主权。另外，日本共有 58 个全国性的单项体联加盟了日本体协，这些全国性的单项体联又分别管辖都、道、府、县级体联和市区町村级体联。

（二）日本公共体育服务财政投入政策

1964 年东京奥运会结束后，日本大力发展群众体育，推出系列体育发展的总体战略，促进体育健康和增长，逐步增加群众体育环境建设的资金投入。有关省级办事处还根据政府要求通过了《体育促进法》《自然环境保护法》《综合维修区修复法》《自然公园法》《城市公园法》等作为投资于群众体育环境综合管理的基准。1985 年,日本共投入 1 740 亿日元用于改善公民的体质健康。20 世纪 90 年代以后,日本经济失去了昔日的辉煌,但是日本政府对公共体育服务的投资有增无减,每年国家投入 2 000 多亿日元用于发展公共体育服务,加上地方政府的投入,每年超过 7 000 亿日元用于社会各项体育事业的发展[①]。

日本的群众体育发展迅速,尤其是奥运会的举办,有力促进了公共体育服务事业的发展。日本对公共体育服务发展采取的调控措施主要表现如下。第一,通过制定与基本法律相配套的相关法律规范来推动大众体育的发展。日本是以立法的方式来推进大众体育发展的。早在 1961 年,日本就出台了《日本体育运动振兴法》,之后,又出台了一系列与之配套的法律规范,如《运动振兴法实施令》《学校体育设施对外开放法》《学校教育法》《社会教育法》等[②],规定体育管理机构和相关社会组织的法律责任和义务,极大地扩展了日本的体育场地利用率,促进了日本大众体育的发展。第二,通过制定目标明确、具有可操作性的群众体育发展规划来推动大众体育的发展。如日本先后制定《增进国民健康和体力对策》《普及振兴体育的基本策略》《迈向 21 世纪体育振兴策略》《保持增进一生健康的关于今后健康教育及体育振兴对策》,这些文件各有侧重,且具有较强的可操作性。第三,通过设立专门的群众体育执法机构来推动大众体育的发展。日本在 1995 年颁布和实施《地方分权法》后,政府机构高度分化,成立了专门的群众体育执法机构,从而有力地保障了大众体育法律规范的落实。

（三）日本公共体育服务财政经费来源与使用

日本体育财政经费有三个主要来源:一是国家政府部门和地方政府部门合作投入。地方政府每年根据当地教育委员会投资体育产业的预算分配资金。建设省、农林省、经济规划部等国家部门也对应公共体育所需资金,配备、投资体育设施、土地占用、医疗保健等。二是体育协会组织的各种活动的资金以及各种场馆和体育设施开放的有偿服务费占据了相当大的一部分投资。三

① 刘雪松,刘蕊,袁春梅.东京奥运会前后日本群众体育发展研究[J].成都体育学院学报,2009,35 (08):21-24.
② 江亮.论我国社会体育发展的条件[D].合肥:安徽师范大学,2005.

是社会团体、企业和关怀人的资金。一些企业团体与体育协会达成协议,共同组织一些体育赛事或比赛,体育管理部门利用这些投资支持社会各种体育活动的发展。

进入21世纪后,随着体育振兴彩票收益的常态化,日本逐步形成了一般财政预算、体育振兴基金及其运作收益和体育振兴彩票收益中的专项资金等体育振兴主要财政渠道。就目前来看,一般财政预算依然是公共体育服务最主要的财政来源。但是近年来体育彩票收益金也为体育振兴提供了重要的财政支持,公共体育服务财政来源实现了多元化和一般财政预算以外的稳定支持。一般体育财政预算包括国家和地方两部分。国家财政预算是体育财政的主要部分,进入21世纪以来,国家体育财政预算呈稳定增长的趋势,从2002年122亿日元增加到2011年228亿日元,占文部科学省年度预算的42.4%。2011年的预算中竞技体育支出占67.8%,学校体育占23.3%,社会体育占8.9%。其中,一个重要的逻辑是国家认为社会体育支出应以地方支出为主。地方体育财政预算方面,21世纪地方体育振兴预算总额稳定在450亿日元左右。其中,竞技体育投入占29%,体育设施管理运营占26%,体育设施建设占23%,学校体育相关占11%,社会体育占8%。需要指出的是,地方体育财政预算呈现严重两极分化态势,东京一个区的体育财政预算水平超过一个县的情况不在少数。

日本体育振兴彩票从2001年开始销售,2002年起为公共体育服务提供财政支持。2001年销售额为642亿日元,次年提供了57.8亿日元体育振兴助成金。由于销售额迅速下降,到2007年只提供了7 800万日元的助成金。日本振兴体育彩票收入是其体育发展资金的重要来源,振兴体育彩票制度规定奖金返还率50%,除掉发行的费用外,余下的为公益金。其中,公益金有2/3为资助体育事业的资金、1/3上缴国库。2002—2010年,有268亿日元的公益金用于资助日本各项体育事业,其中排在前三位的分别是社区体育设施建设、体育团体的体育活动和综合性体育俱乐部的建设,分别为72.04亿日元、64.65亿日元、61.82亿日元。除了政府投资和振兴体育彩票的补给,为了缓解国家财政的压力,日本引进民间融资,公共部门充分利用民间资金及其经营管理技术能力和提高公共事业效率的运作方式。这部分资金主要包括场馆建设运营经费、公共体育托管收益和民间组织的收益。日本大众体育有国家财政补贴,但是最高不超过 30％,其余 70％的补足经费采取社会募集及市场化运作的方式。补足经费包括日本体育振兴基金会提供费用、下级加盟团体上缴的会费和注册费用、体育振兴彩票收入、集资广告的收入,以及企业界赞助费及本身的会费、门票、设施使用费用等收入。日本大众体育形成了政府、协会、民间组织及个人的多元经济模式,有力保障了大众体育建设的快速发展。

日本大众体育以政府出资为主导,财政投入主要有中央和地方两个方面构成。根据统计,2000 年度日本国家各部门在大众体育相关方面投入,预算总额高达 3 950 亿日元,其中建设省 1 596 亿日元、文部科学省 717 亿日元、社会保障厅 689 亿日元。全国 47 个都、道、府、县教育委员会体育的预算是 787 亿日元,县级以上辖区平均 16.7 亿日元。2 140 个市町村大众体育预算总额为 3 163 亿日元,平均每个市町村拥有 1.4 亿日元的预算。2014—2015 年,日本文部科学省大众体育预算总计达 255 亿日元,占当年全部文部科学省预算的 0.5％。日本大众体育的财政支出主要在设施建设和组织培育两个方面。根据 2005 年文部科学省的调查,日本 47 个都道府县的体育场地设施建设、维修和经营管理大约占总支出的 49％,日本体育设施的消耗占总投资的 30％左右;日本用于组织培育的预算为 2 691 亿日元,比 2000 年的 3 950 亿日元减少了 30％。政府预算投入培育体育组织最多,约占 200 亿日元,占预算总额的 38.3％。文部科学省每年用于修建和完善俱乐部的支援金额平均为 650 万日元,加上地方自治团体的 650 万日元,总额约为 1 300 万日元。

第二节　国外公共体育服务财政投入主要特征

一、投入主体与经费来源多元化

日本公共体育服务资金来源既有国家和地方的政府预算,也有体育振兴基金会、国营的体育彩票收入、体育振兴彩票收益金、民间团体资助等的支持。美国公共体育事业财政资金来源丰富。在 2011 年美国奥林匹克委员会的年度报告中,重要的资金来源包括 4 个方面,即奥林匹克商标权收入、转播权、相关利息收入、捐助收入。美国许多州和地方政府通过平衡地方财政运作和市场化的方法来投入诸如体育场馆等大型公共基础设施的建设,发行政府建设券等是其中主要的市场筹资方式。英国、德国在各类公共服务领域很注重引入市场机制,引入私人资金作为公共财政的补充。志愿者服务虽然不是国家体育事业经费的直接来源,但由于志愿服务不收取任何费用,从而成为体育事业经费的间接来源,如德国的体育志愿者遍布全国大大小小的体育俱乐部,每年可为国家节省几百亿美元的开支,体育锻炼者因此也可以节省相关的服务费。可见,国外的体育经费主要来源于国家和地方的财政预算、彩票收益、公司和媒体资金、基金、居民自愿捐赠,还包括社会工作中节省下来的资金等,具有主体投入多元化、投入来源多样化特点。

二、体育财政重点投入群众体育,且层级明确、条理清晰

英国文化传媒体育部门通过免费进入公共体育场馆、补贴门票价格、资助地方体育场馆营运等措施鼓励低收入群体以及残障人群进行体育与文化消费,此外如果注册非营利慈善机构,还可以得到政府的额外补助。2008 年日本体育基金和体育彩票公益金向体育振兴事业发放补贴金额高达 20.38 亿日元,其中向大众体育发放 6.4 亿日元,大众体育补贴占整个补贴金额的 31.4%。国外发达国家各级政府事权边界清晰,财权分配合理,中央政府安排的重点支出项目完全依靠专项拨款解决,既避免各级政府之间的职能交叉和职权的重叠,也使公共体育服务的责任从根本上得到落实。数据显示,德国政府在包括体育在内的娱乐文化财务支出中,联邦政府支出仅为地方政府的 1/18;澳大利亚体育财政支出分别由联邦、州、地方政府承当,比例为 20%、50%、30%,条理清晰,分配合理。与此同时,各国均重视对财政资金的审计监督。市场经济发达国家都有一套极其严密的财政监督制度,建立了比较完善和严密的财政监督体系,坚持内部监督和外部监督相结合,重视事前审核、事中控制和事后检查。

三、重视社会体育组织的培育并提供税收优惠

体育组织机构的健康发展,必然带来国家体育事业的繁荣。英、美、澳三国体育机构的支出在公共体育服务支出总额中的占比都在 40%~60%。这说明在公共体育事业管理方式的改革过程中体育机构占据重要地位。体育机构是体育事业发展的民间基础。在 2009—2011 年这 3 年中,美国奥林匹克委员会为体育组织提供的支出总额最大,总支出为 1 933 万美元,占三年总支出的

35.8%；英国在 2008—2014 年中,体育机构的支出占比超过 65%；澳大利亚体育委员会为非营利性民间组织提供的资金占全年资金总额的比例超过 75%。这些国家都未将大量的财政资金用于体育赛事组织的搭建和维护上。为了支持民间体育组织和体育机构的发展,各国一般都对体育部门、机构和组织提供一定的税收优惠政策,例如,在英国,组织体育比赛的部门如果得到慈善委员会的批准,被确认为属于慈善机构的话,其收入免于纳税。在德国,体育俱乐部在相当大的程度上摆脱了纳税的负担,同时如果俱乐部开展某项活动造成亏损,有权利用另一项活动的收入来补足差额。在美国,从 1950 年起就批准了国家奥委会章程,同意相关体育组织作为非营利组织,免除税收。国外大多数国家都采用俱乐部制,以体育俱乐部作为全国体联和全国单项联合会的最基层组织,都是不以营利为目的的社会公益型社团,其开展体育经营活动的目的,是筹集自身发展经费。

四、注重体育政策法律的宣传与普及

综观国外发达国家经验,一个较为显著的特征,就是在制定相关政策、法律基础上,注重对体育法制和体育科普知识的宣传。体育事业发达国家从未停止体育法制和体育科学知识的宣传,其将体育法制和体育知识提炼成一些易于宣传的口号,在全国范围内广泛传播。例如,德国提出"有氧运动—130"。通过这种简单的口号形式,让体育法制的内容和体育知识在群众的日常生活中得到普及,便于媒体在各种场合广泛传播,使公众能够明确权利和义务,培养强烈的体育意识,建立正确的体育价值观,积极参与体育运动。为确保体育法律制度的实施,国外体育发达国家建立了体育纠纷解决机制,加强了体育执法。如在美国,为了保证大众合法的体育权利,在 1976 年专门成立体育律师协会,以法律的手段解决大众体育的纠纷问题。日本在 1995 年颁布《地方分权法》后,政府机构高度分化,成立了专门的大众体育执法机构,为大众体育的有序发展奠定了坚实的基础。同时,各国在体育法中明确规定了大众体育法规的执行要求和具体操作办法,并加强了政府对体育执法机构的监督①。

---

① 王占坤.浙江省公共体育服务体系建设研究[D].福州:福建师范大学,2015.

五、重视对弱势群体的体育帮扶

西方发达国家十分重视为弱势群体和特殊群体提供公共体育服务。例如,英国、德国与美国等都强调在制定体育发展政策和计划时需有保护特殊群体和弱势群体权益的体育指标。在制定公共体育政策时,德国将公共体育服务均等化作为一项基本原则,使每个公民都有机会参加体育活动,使每个公民都能根据自己的兴趣在体育俱乐部找到相应的项目。英国体育在政党更替过程中有不同的发展重点,但公共体育受到同等重视,优先考虑优先目标群体和经济上处于不利地位的群体,特别是青年、妇女和低收入群体,主要目的是为普通民众提供平等参与体育活动的机会,让更多的人参加体育活动。2011年,日本颁布的《体育基本法》突出了国家体育权利,提出保护残疾人的体育权利,关注弱势群体和专业人士的体育权利,以及让所有人能够根据自己的兴趣和能力参加体育活动,包括幼儿、年轻人、老年人和残疾人。1985年,妇女和体育工作首次出现在澳大利亚联邦政府的工作计划中,澳大利亚成立了妇女和体育工作组,制定和介绍国家妇女体育政策和计划;澳大利亚国家体育委员会采取各种措施和手段,促进女性参加体育运动,使她们享有与男性相同的体育权利。

第三节　发达国家公共体育服务财政投入对我国的启示与借鉴

由于国情和市场化程度存在不同,我国公共体育服务财政经费来源与发达国家存在较大的差异。目前,我国公共体育服务财政建设经费主要来源于政府拨款与彩票公益金的收入,较为单一的经费来源使我国公共体育服务体系建设举步维艰。面对日益增长的公共体育服务财政经费问题,我国政府加大了财政投入力度并调整了公共体育服务财政投入结构,以努力实现体育场馆设施建设资金融资渠道的多元化。具体做法如下。

首先,借鉴国外经验,健全市场准入制度、规范融资渠道,通过社会力量与政府合作模式,引入社会资本作为拓宽公共体育服务体系建设资金来源的渠

道,逐步实现投资主体的多样化。同时,精简组织,降低政府运营成本。公共
体育的一站式服务可能会导致政府机构过度膨胀和浪费金融资金,也可能导
致懒政和腐败,因而,精简政府机构是一项紧迫的任务。此外,加大国家在体
育设施上的资金投入,加强基础体育设施建设的力度和维护。

其次,鼓励社会力量参与公共体育服务事业的建设,通过制定扶持公共体
育服务事业发展的税收政策和对体育事业捐赠的经济政策,放宽公益性体育
事业的准入门槛,提高社会力量参与积极性。[①]

再次,解决单一资金来源问题。一方面,利用国际竞争或国内重大事件的
影响,增加广播权和商标权的收入,以缓解体育事业发展中财政资金短缺的压
力;另一方面,加大对公共体育服务的宣传力度,吸引更多民营资本投资,利用
市场机制管理政府体育产业,合理利用国有资源换取更多资金和收入。

最后,推动和引导民间体育组织建设,加大对民间体育组织的资金支持力
度。民间体育组织是金字塔的底层基础,只有在基础扎实的基础上,才能保证
上层建筑的稳定和发展,才能促进我国公共体育服务事业蓬勃发展。

---

① 陈丛刊,卢文云,陈宁.英国公共体育服务供给体系建设的经验与启示[J].成都体育学院学报,2012,
　38(01):28-32.

第四章
我国公共体育服务财政投入规模分析

体育事业对于提升国民体质和人民健康水平,改善民生,凝聚国力,提升国家竞争力具有重要作用。近年来,中国政府持续实施全面深化改革,不断创新,出台了很多支持体育事业发展行之有效的政策措施,例如,设立了竞技体育后备力量发展专项资金、成立中华体育基金会;加大力度促进体育彩票事业发展,为体育事业发展筹集更多体育彩票公益金;鼓励更多的社会民间资本参与体育事业发展,引导更多有实力的企业加大对体育事业发展的捐赠和赞助;扶持优秀的体育产业项目,加快发展体育实体产业,促使体育产业市场化和社会化;设立体育场馆专项补助资金,支持体育场馆免费或低收费向社会开放;开展多种经营模式,积极调动各类社会资本兴办体育场馆设施的积极性,努力拓宽中国公共体育事业发展的经费来源渠道;等等。以此尽可能激活社会参与公共体育事业发展的活力,让全社会分享体育事业发展带来的红利。

第一节 我国公共体育服务财政
投入的绝对规模

公共体育服务财政投入是我国实现服务型政府职能转变的有效途径,是满足居民公共体育服务需求、提高国民身体素质、完善全民健身服务体系的重要载体,是实现体育强国梦的重要途径,同时也是加快实现公共体育服务均等化的重要环节。公共体育服务财政投入是国家对体育公共服务顶层设计的重要方面,是体育公共服务的经济基础,是政府满足社会体育需求的主要手段和方式,也是政府向社会提供体育公共服务财政工作指导原则的具体体现。但是,构建公共体育服务财政投入体系并非一蹴而就的事情,需要根据各个地区的人口分布、地域区别、大众需求等不断地构建与完善。近年来,各级政府对公共体育服务财政投入总量逐渐增大,但基层政府仍存在财政保障与日益增长的公共体育服务需求不相匹配的矛盾。在我国大部分地区,特别是中西部地区公共体育服务经费不足的问题始终未得到有效解决,与国务院所要求的基本目标存在较大差距,对贯彻实施新规划提出挑战。

根据财政部相关统计数据计算,我国政府财政支出总额和体育事业财政支出总额从"六五"时期到"十二五"时期一直保持着较快的增长速度,增长具有同向性特征。公共体育服务政府财政支出集中体现在政府对公共体育服务的资金投入上,这是反映公共体育服务发展的核心指标。如表 4-1 所示,"六五"时期,我国公共体育服务财政支出达到 25.68 亿元;"七五"时期,我国公共体育服务财政支出达到 59.98 亿元;"八五"时期,我国公共体育服务财政支出达到 100.37 亿元;"九五"时期,我国公共体育服务财政支出达到 275.39 亿元;"十五"时期,我国公共体育服务财政支出达到了 770.16 亿元;"十一五"时期,我国公共体育服务财政支出达到 1 499.14 亿元;"十二五"时期,我国公共体育服务财政支出达到 1 758.16 亿元,公共体育服务财政支出的同比增长率分别高达 134%、67%、174%、180%、95%、17%。其中,我国公共体育服务财政支出在"十一五"和"十二五"时期较之"十五"时期有了较大幅度的提高,分别达到 1 499.14 亿元和 1 758.16 亿元,同比增长率达到了 174%与 180%。与公共财政支出对比发现,公共体育服务财政支出和财政支出额度绝对数额自"六五"时期以来一直有较大幅度的增加,但公共体育服务财政支出占全国财政支出的相对比重存在大幅度下降的态势,从"七五"时期的 0.47%下降到"十二五"时期的 0.25%①。

---

① 李燕领,王家宏,邱鹏,等.我国体育事业财政支出:规模、结构与空间效应[J].中国体育科技,2018,54(06):20-28+36.

表 4-1 我国"六五"至"十二五"时期体育事业财政支出和财政支出增长率

时　期	体育事业财政支出(亿元)	体育事业财政支出增长率(%)	财政支出(亿元)	财政支出增长率(%)	体育事业支出占财政支出的比重(%)
"六五"时期	25.68	—	7 483.18	—	0.34
"七五"时期	59.98	134	12 865.67	72	0.47
"八五"时期	100.37	67	24 387.46	90	0.41
"九五"时期	275.39	174	57 043.46	134	0.48
"十五"时期	770.16	180	128 022.85	124	0.60
"十一五"时期	1 499.14	95	318 970.83	149	0.47
"十二五"时期	1 758.16	17	703 076.19	120	0.25

资料来源：李燕领，王家宏，邱鹏，等.我国体育事业财政支出：规模、结构与空间效应[J].中国体育科技，2018，54(06)：20-28+36.

根据财政部与国家体育总局相关数据统计计算，我国用于公共体育服务的财政支出从 2006 年的 135.92 亿元增长到 2015 年的 354.95 亿元，10 年间增长了 2.6 倍，年均增长率为 15%，说明我国政府逐渐开始重视公共体育服务事业的发展与财政投入，我国公共体育服务财政经费支出的绝对规模稳步增长，但还没有形成稳定的增长机制。如表 4-2 所示，"十二五"时期我国公共体育服务财政支出在 2012 年达到最高值，数值高达 388.42 亿元，但在 2013 年出现了 19.7% 的下降，2008 年北京奥运会后下降幅度为 5.9%，这说明我国公共体育服务财政支出受奥运会和国际重大竞技比赛的影响而发生变化。"十一五"时期（2006—2010 年）我国公共体育服务财政支出为 1 230.9 亿元，"十二五"时期（2011—2015 年）我国公共体育服务财政支出为 1 758.16 亿元，相比"十一五"时期增长了 43%；"十一五"时期我国财政总支出为 318 970.83 亿元，"十二五"时期年财政总支出为 703 076.19 亿元，相比"十一五"时期增长了 220%。由此可知，体育事业支出增长速度低于财政支出的增长速度。

表 4-2 2006—2015 年财政总支出与体育事业支出一览

年份	全国财政总支出 (亿元)	增速(%)	体育事业支出 (亿元)	增速(%)
2006	40 422.73	—	135.92	—
2007	49 781.35	23	171.23	25.98
2008	62 592.66	26	307.88	79.8
2009	76 299.93	22	289.95	—5.9
2010	89 874.16	18	325.92	12.4
2011	109 247.70	22	365.21	12.1
2012	125 952.97	15	388.42	6.4
2013	140 212.10	11	315.79	—19.7
2014	151 785.56	8	333.79	5.7
2015	175 877.77	16	354.95	6.3

数据来源：国家统计局与《体育事业统计年鉴》。

第二节 我国公共体育服务财政投入的相对规模

一、公共体育服务财政支出与科教文卫财政支出比较

这里,将公共体育服务的财政支出与教育、科学技术、文化传媒、医疗卫生的财政支出进行横向比较,不难发现公共体育服务的财政支出比重过小。我国政府 2007 年公共体育服务财政支出为 171.23 亿元,占财政总支出的 0.3%;2008 年公共体育服务财政支出为 307.88 亿元,占财政总支出的 0.5%;2009 年公共体育服务财政支出为 289.95 亿元,占财政总支出的 0.4%;2010 年公共体育服务财政支出为 325.92 亿元,占财政总支出的 0.4%;2011 年公共体育服务财政支出为 365.21 亿元,占财政总支出的 0.3%;2012 年公共体育服务财政支

出为 388.42 亿元,占财政总支出的 0.3%;2013 年公共体育服务财政总支出为 322.41 亿元,占财政总支出的 0.2%;2014 年公共体育服务财政总支出为333.79 亿元,占财政总支出的 0.2%;2015 年公共体育服务财政总支出为354.95 亿元,占 财政总支出的 0.2%。纵观 2007—2015 这 9 年(见表 4 - 3、表 4 - 4),公共体育服 务财政支出占财政总支出的比重仅为 0.3%左右,平均年支出仅为 317.02 亿元, 而教育、科学技术、文化传媒、医疗卫生的财政支出水平远高于公共体育服务财 政支出水平。其中,教育作为我国社会事业发展财政支出的大头,常年维持在较 高水平,2007—2015 年平均支出额为 16 463.87 亿元,占财政总支出的 14.9%;科 学技术作为社会发展与创新的动力源泉,是国家财政支出重要的组成部分, 2007—2015 年平均支出额为 4 084.69 亿元,占财政总支出的 3.9%;医疗卫生作 为我国人民群众生活健康保障与环境治理的重要保障,是国家财政支出不可或 缺的一部分,2007—2015 年平均支出额为 6 403.32 亿元,占财政总支出的 5.3%; 文化传媒作为人民群众日常生活休闲娱乐必要开销,是建设服务型政府重要的 组成部分,2007—2015 年平均支出额为 1 933.82 亿元,占财政总支出的 2.2%。 由此可以看出,我国公共体育服务财政支出与科教文卫艺的财政支出相比差距 较大,公共体育服务财政支出的相对规模远不及其他基础社会事业的投入。

二、公共体育服务财政支出与国家财政支出比较

如表 4 - 5 所示,2006 年,我国公共体育事业财政支出为 135.92 亿元,全国财政 总支出为 40 422.73 亿元,公共体育事业支出占全国财政总支出的0.34%;2015 年, 我国公共体育事业财政支出为 354.95 亿元,全国财政总支出为 175 877.77 亿元,公 共体育事业财政支出占全国财政总支出的比重为 0.20%。纵观 2006—2015 年我国 公共体育事业财政支出占国家财政支出的变化,我国公共体育事业财政支出占全 国财政支出由 2006 年的 0.34%下降至 2015 年的 0.20%,10 年间下降态势明显; 2006 年国内生产总值为 219 028.5 亿元,公共体育事业财政支出占国内生产总值 的比重为 0.062%;2015 年国内生产总值为 686 449.6 亿元,公共体育事业财政支 出占国内生产总值的比重为 0.052%。由此可知,公共体育事业财政支出占国内 生产总值的比重由 2006 年的 0.062%下降到 2015 年的 0.052%,总体下降态势明 显。可见,我国公共体育事业财政投入水平在同等情况下远不及国内生产总值 和国家财政支出的增长水平,我国公共体育事业财政投入水平仍需大力提高。

表4-3 2007—2015年教育、科技、医疗卫生与体育等公共财政全国支出情况

单位：亿元

年份 基础社会事业	2007	2008	2009	2010	2011	2012	2013	2014	2015	平均数
教育	7 122.32	9 010.21	10 437.54	12 550.02	16 497.33	21 242.1	22 001.76	23 041.7	26 271.88	16 463.87
科学技术	2 135.7	2 611	3 276.8	4 196.7	3 828.02	4 452.63	5 084.3	5 314.5	5 862.57	4 084.69
医疗卫生	1 989.96	2 757.04	3 994.19	4 804.18	6 429.51	7 245.11	8 279.9	10 176.8	11 953.18	6 403.32
文化传媒	898.64	1 095.74	1 393.07	1 542.7	1 893.36	2 268.35	2 544.39	2 691.48	3 076.64	1 933.82
体育事业	171.23	307.88	289.95	325.92	365.21	388.42	315.79	333.79	354.95	317.02

数据来源：国家统计局和《体育事业统计年鉴》。由于2006年数据缺失，不做统计。

表 4 - 4　2007—2015 年教育、科技、医疗卫生与体育等公共财政支出占国家财政总支出比重

单位：%

基础社会事业＼年份	2007	2008	2009	2010	2011	2012	2013	2014	2015	平均数
教育	14.3	14.4	13.7	14	15.1	16.9	15.7	15.21	14.9	14.9
科学技术	4.3	4.2	4.3	4.7	3.5	3.5	3.6	3.5	3.3	3.9
医疗卫生	2.6	3.1	5.2	5.3	5.9	5.8	5.9	6.7	6.8	5.3
文化传媒	0.12	12	0.18	0.17	1.5	1.5	1.6	1.6	1.5	2.2
体育事业	0.3	0.5	0.4	0.4	0.3	0.3	0.2	0.2	0.2	0.3

数据来源：国家统计局和《体育事业统计年鉴》。由于 2006 年数据缺失，不做统计。

表 4 - 5　2006—2015 年我国体育事业支出占 GDP 和财政总支出比重

年份	体育事业支出（亿元）	全国财政总支出（亿元）	体育事业支出占全国财政支出比重（%）	GDP（亿元）	体育事业支出占 GDP 比重（%）
2006	135.92	40 422.73	0.34	219 028.5	0.062
2007	171.23	49 781.35	0.34	270 844	0.063
2008	307.88	62 592.66	0.49	321 500.5	0.096
2009	289.95	76 299.93	0.38	348 498.5	0.083
2010	325.92	89 874.16	0.36	411 265.2	0.079
2011	365.21	109 247.70	0.33	484 753.2	0.075
2012	388.42	125 952.97	0.31	539 116.5	0.072
2013	315.79	140 212.10	0.23	590 422.4	0.053
2014	333.79	151 785.56	0.22	644 791.1	0.052
2015	354.95	175 877.77	0.20	686 449.6	0.052

数据来源：国家统计局和《体育事业统计年鉴》。

三、区域公共体育服务财政支出在财政支出中的占比

根据前文东部、中部、西部 3 个区域的划分标准，系统地把各个区域公共

体育服务财政总支出与区域财政总支出进行横向比较,可以更好地窥视我国区域公共体育服务财政支出的相对规模情况。由表 4-6 可知,东部公共体育事业支出占区域财政支出的比重:2011 年为 0.46%、2012 年为 0.59%、2013 年为 0.31%、2014 年为 0.28%、2015 年为 0.26%。可知,东部区域公共体育事业支出相对规模 2012 年以后是呈减少的趋势。中部公共体育事业支出占区域财政总支出的比重:2011 年为 0.26%、2012 年为 0.54%、2013 年为 0.18%、2014 年为 0.18%、2015 年为 0.16%。可知,中部区域公共体育事业支出相对规模 2012 年后也是呈减少的趋势。西部公共体育事业支出占区域财政支出的比重:2011 年为 0.25%、2012 年为 0.64%、2013 年为 0.19%、2014 年为 0.21%、2015 年为 0.19%。可知,西部区域公共体育事业支出相对规模也是 2012 年最高。三个区域 2012 年相对支出规模达到 5 年之中的最大值,究其原因是奥运年各区域政府都加大了对体育事业资金的投入与支持,之后又恢复为原来的相对投入规模,并呈现出相对下降的趋势。

表 4-6　各区域公共体育事业支出占财政支出一览　　　　单位:亿元

区域＼年份		2011	2012	2013	2014	2015
东部	体育事业支出	189.41	211.63	163.93	159.28	174.42
	财政支出	41 155.44	35 784.46	52 567.19	56 459.01	67 927.79
	体育事业支出占财政支出比重(%)	0.46	0.59	0.31	0.28	0.26
中部	体育事业支出	62.73	67.86	58.40	61.69	61.48
	财政支出	24 181.58	12 531.05	31 608.96	33 959.77	38 973.20
	体育事业支出占财政支出比重(%)	0.26	0.54	0.18	0.18	0.16
西部	体育事业支出	68.87	81.30	66.85	82.49	82.66
	财政支出	27 396.68	12 762.79	35 564.2	38 796.72	43 434.66
	体育事业支出占财政支出比重(%)	0.25	0.64	0.19	0.21	0.19

四、各省份公共体育服务支出在财政支出中的占比

由表4-7可知,北京、江苏、上海、山东等东部地区公共体育服务财政支出的相对规模在全国31个省份中属于较高水平;而西部地区的宁夏、青海等省份的体育事业占财政支出比例较低,2011、2012年,青海省占比不足0.1%,一些省份不足0.2%,但可喜的是,很多中部和西部省份开始逐渐重视公共体育服务财政投入,多数省份的年均支出额度和比重有所提高,具体情况如表4-8所示。

表4-7 2011—2015年我国各省份公共体育事业财政支出情况　　单位:亿元

年份 地区	2011		2012		2013		2014		2015	
	体育 事业 支出	财政 支出	体育 事业 支出	财政 支出	体育 事业 支出	财政 支出	体育 事业 支出	财政 支出	体育 事业 支出	财政 支出
北京	18.23	3 245.23	22.79	3 314.93	17.77	4 173.66	18.24	4 524.67	22.38	5 737.70
天津	11.41	1 796.33	13.30	1 760.02	11.14	2 549.21	9.01	2 884.70	7.89	3 232.35
河北	7.36	3 537.39	10.21	2 084.28	8.39	4 409.58	9.39	4 677.30	7.38	5 632.19
山西	6.76	2 363.85	6.27	1 516.38	5.28	3 030.13	6.97	3 085.28	6.30	3 422.97
内蒙古	5.78	2 989.21	6.80	1 552.75	7.55	3 686.52	10.64	3 879.98	9.86	4 252.96
辽宁	11.58	3 905.85	17.87	3 105.38	10.07	5 197.42	9.41	5 080.49	12.42	4 481.61
吉林	4.89	2 201.74	6.28	1 041.25	5.03	2 744.81	5.27	2 913.25	6.19	3 217.10
黑龙江	8.90	2 794.08	8.44	1 163.17	7.53	3 369.18	9.32	3 434.22	9.21	4 020.66
上海	23.21	3 914.88	20.08	3 743.71	11.57	4 528.61	14.41	4 923.44	10.85	6 191.56
江苏	24.44	6 221.72	39.18	5 860.69	27.75	7 798.47	27.24	8 472.45	29.12	9 687.58
浙江	18.20	3 842.59	20.31	3 441.23	18.36	4 730.47	18.75	5 159.57	20.06	6 645.98
安徽	6.21	3 302.99	7.06	1 792.72	7.03	4 349.69	5.30	4 664.10	6.00	5 239.01
福建	12.18	2 198.18	12.09	1 776.17	26.41	3 068.80	11.95	3 306.70	15.56	4 001.58

续　表

年份 地区	2011		2012		2013		2014		2015	
	体育 事业 支出	财政 支出	体育 事业 支出	财政 支出	体育 事业 支出	财政 支出	体育 事业 支出	财政 支出	体育 事业 支出	财政 支出
江西	8.73	2 534.60	3.55	1 371.99	5.85	3 470.30	6.24	3 882.70	6.82	4 412.55
山东	22.39	5 002.07	22.92	4 059.43	13.11	6 688.80	15.21	7 177.31	18.37	8 250.01
河南	7.63	4 248.82	9.08	2 040.33	6.64	5 582.31	8.60	6 028.69	6.80	6 799.35
湖北	11.21	3 214.74	17.74	1 823.05	12.80	4 371.65	10.37	4 934.15	9.86	6 132.84
湖南	8.40	3 520.76	9.44	1 782.16	8.24	4 690.89	9.62	5 017.38	10.30	5 728.72
广东	37.53	6 712.40	29.36	6 229.18	16.96	8 411.00	22.41	9 152.64	27.25	12 827.80
广西	6.88	2 545.28	8.30	1 166.06	6.41	3 208.67	8.84	3 479.79	10.52	4 065.51
海南	2.88	778.80	3.52	409.44	2.40	1 011.17	3.26	1 099.74	3.14	1 239.43
重庆	7.41	2 570.24	8.59	1 703.49	5.30	3 062.28	4.83	3 304.39	6.44	3 792.00
四川	13.45	4 674.92	14.03	2 421.27	13.52	6 220.91	14.44	6 796.61	16.06	7 497.51
贵州	4.94	2 249.40	7.26	1 014.05	5.39	3 082.66	6.66	3 542.80	7.31	3 939.50
云南	9.81	2 929.60	11.10	1 338.15	5.64	4 096.51	8.17	4 437.98	8.17	4 712.83
西藏	1.96	758.11	2.37	86.58	0.97	1 014.31	1.78	1 185.51	2.61	1 381.46
陕西	8.00	2 930.81	7.08	1 600.69	6.95	3 665.07	7.01	3 962.50	7.42	4 376.06
甘肃	3.81	1 791.24	5.90	520.40	4.05	2 309.62	7.14	2 541.49	3.33	2 958.31
青海	0.20	967.47	0.25	186.42	1.65	1 228.05	2.85	1 347.43	2.58	1 515.16
宁夏	2.01	705.91	2.68	263.96	1.81	922.48	2.29	1 000.45	2.05	1 138.49
新疆	4.62	2 284.49	6.94	908.97	7.61	3 067.12	9.62	3 317.79	6.31	3 804.87

资料来源：财政部官网（www.mof.gov.cn）和《体育事业统计年鉴》（2011—2015 年）。

表 4 - 8 2011—2015 年我国各地区体育事业财政支出占财政支出比重 单位：%

地 区	2011 年占比	2012 年占比	2013 年占比	2014 年占比	2015 年占比
北京	0.56	0.62	0.43	0.40	0.39
天津	0.64	0.62	0.44	0.31	0.24
河北	0.21	0.25	0.19	0.20	0.13
山西	0.29	0.23	0.17	0.23	0.18
内蒙古	019	0.20	0.20	0.27	0.23
辽宁	0.30	0.39	0.19	0.19	0.28
吉林	0.22	0.25	0.18	0.18	0.19
黑龙江	0.32	0.27	0.22	0.27	0.23
上海	0.59	0.48	0.26	0.29	0.18
江苏	0.39	0.56	0.36	0.32	0.30
浙江	0.47	0.49	0.39	0.36	0.30
安徽	0.19	0.18	0.16	0.11	0.11
福建	0.55	0.46	0.86	0.36	0.39
江西	0.34	0.12	0.17	0.16	0.15
山东	0.45	0.39	0.20	0.21	0.22
河南	0.18	0.18	0.12	0.14	0.10
湖北	0.35	0.47	0.29	0.21	0.16
湖南	0.24	0.23	0.18	0.20	0.18
广东	0.56	0.40	0.20	0.24	0.21
广西	0.27	0.28	0.20	0.25	0.26
海南	0.37	0.39	0.24	0.30	0.25
重庆	0.29	0.28	0.17	0.15	0.17

续　表

地　区	2011 年占比	2012 年占比	2013 年占比	2014 年占比	2015 年占比
四川	0.29	0.26	0.22	0.21	0.21
贵州	0.22	0.26	0.17	0.19	0.19
云南	0.33	0.31	0.14	0.18	0.17
西藏	0.26	0.26	0.10	0.15	0.19
陕西	0.27	0.21	0.19	0.18	0.17
甘肃	0.21	0.29	0.18	0.28	0.11
青海	0.02	0.02	0.13	0.21	0.17
宁夏	0.28	0.31	0.20	0.23	0.18
新疆	0.20	0.26	0.25	0.29	0.17

资料来源：财政部官网（www.mof.gov.cn）和《体育事业统计年鉴》（2011—2015 年）。

第五章
我国公共体育服务财政投入结构分析

公共体育服务财政投入的职能主要是满足人民群众对体育健身、运动锻炼、娱乐休闲的需求,促进公共体育服务的均等化开展与普及。但是由于计划经济体制所形成的财政保障依赖,我国体育财政投入结构还有一些不合理之处,主要体现在中央与地方、区域之间体育事业的支出结构方面。

第一节　我国公共体育服务财政投入结构

在政府财政收支分类改革的基础上,我国公共体育服务事业各项支出科目发生了很大的改变,主要包括以下几方面: ① 体育竞赛支出;② 体育训练支出;③ 体育场馆支出;④ 群众体育支出。2008 年我国成功举办第 29 届夏季奥运会,在后奥运时代,我国体育事业发展表现出前所未有的强大生命力,国民参与体育的热情不断高涨。但不可否认,由于党和国家长期高度注重竞技体育发展,并将有限的体育事业经费绝大部分投入体育竞赛、体育训练支出上,对群众体育的发展不够重视,[①]群众体育财政投入不足,群众体育事业发展滞后于竞技体育的发展。2008 奥运年,我国群众体育事业财政支出占体育事业经费的比重达到了 18%,超过了体育竞赛和体育训练的财政支出的额度。奥运年后,群众体育支出迅速下跌,2011—2015 年群众体育支出占体育事业经

---

① 李丽,张林.体育事业公共财政支出研究[J].体育科学,2010,30(12): 22-28.

费的比重年均值只有 7％左右,而竞技体育(体育竞赛和体育训练)支出是群众体育支出的 3 倍左右,群众体育支出不足将影响我国全民健身战略的推广以及体育事业的全面发展(见表 5－1)。

表 5－1 2011—2015 年公共体育事业投入结构

年份	体育竞赛支出 (亿元·％)		体育训练支出 (亿元·％)		体育场馆支出 (亿元·％)		群众体育支出 (亿元·％)	
2011	33.75	9.24	39.63	10.85	50.77	13.90	26.62	7.29
2012	27.79	8.80	44.85	14.20	53.49	16.94	32.55	10.30
2013	22.10	7.01	38.96	12.34	64.75	20.50	19.54	6.19
2014	27.70	8.30	39.73	11.90	72.43	21.70	21.03	6.30
2015	25.62	7.21	41.83	11.78	70.70	19.94	25.14	7.09

第二节 中央与地方政府公共体育
服务财政投入结构

1994 年实行财政体制分税制改革时,公共财政框架尚未建立,且缺乏明确的标准,仅仅是把省级以下的政府作为一个整体与中央政府对应起来,没能按照公共财政理论的要求确定中央政府与地方政府的事权与财权支出范围,一些本应完全由中央承担的支出责任推卸给了地方,地方政府财权与事权不相匹配。具有正外部效应的公共体育服务和产品,世界各国中央政府都几乎参与了近一半的投资,[①]而我国中央政府对公共体育服务事业财政支出比重徘徊在 10％左右,其中群众体育支出基本由地方政府承担(见表 5－2),中央财政投入比重显然过低,这必然加重地方财政的投入压力。这与我国现有的财政体制有着密切联系,即财权上收,事权下放。

---

① 涂斌.公共文化服务体系财政投入:规模、结构与效率——一个理论研究综述[J].当代经济,2011(24):86－87.

表 5 - 2　2011—2015 年中央与地方体育事业与群众体育支出比重一览　单位：％

年份	中央和地方体育事业比重		中央和地方群众体育支出比重	
	中央	地方	中央	地方
2011	12.1	87.9	1.7	98.3
2012	7.1	92.9	1.5	98.5
2013	8.4	91.6	0	100
2014	8.5	91.5	0	100
2015	8.9	91.1	0	100

第三节　区域间公共体育服务财政投入结构

我国自实施西部大开发和中部崛起等国家战略以来,区域之间的公共体育服务发展不平衡在一定程度上得到缓解,但从全国各省份人均体育事业经费支出来看,区域之间的差距仍然存在。2011 年,人均体育事业支出最高的省份是上海,达到 98.89 元,而最低的省份青海只有 3.59 元;2012—2015 年人均体育事业支出最高省份均为北京,常年维持在 100 元左右;2012—2015 年人均体育事业支出最低的省份分别是河南、安徽、河北,有的人均体育事业经费支出不到 8 元。经济相对发达地区如北京、江苏、上海、山东人均体育事业经费支出排在全国的前列,河南、安徽人口大省以及一些经济欠发达省份的人均体育事业经费支出排在全国靠后的位置。全国各个省份人均体育事业经费支出差距较大,如表 5 - 3 所示。

表 5 - 3　2011—2015 年全国各省份人均体育事业经费支出情况　单位：元

省份	2011	排名	2012	排名	2013	排名	2014	排名	2015	排名
北京	90.27	2	110.13	1	85.51	1	84.77	1	103.06	1
天津	84.19	3	94.13	2	75.79	2	59.40	3	51.00	3

续 表

省份	2011	排名	2012	排名	2013	排名	2014	排名	2015	排名
河北	10.17	29	14.01	27	12.33	29	12.71	29	9.93	29
山西	18.82	21	17.37	24	16.20	25	19.12	18	17.20	24
内蒙古	23.27	13	27.32	15	30.24	12	42.48	6	39.26	7
辽宁	26.42	11	40.72	7	25.09	13	21.44	15	28.35	12
吉林	17.78	22	22.84	19	19.41	18	19.15	17	22.47	16
黑龙江	23.21	15	22.00	20	21.23	15	24.32	14	24.15	15
上海	98.89	1	84.38	3	48.00	5	59.40	2	44.93	4
江苏	30.94	10	49.47	5	36.80	8	34.23	10	36.51	8
浙江	33.32	6	37.08	9	37.49	7	34.05	11	36.21	9
安徽	10.40	28	11.79	28	12.31	30	8.72	31	9.76	30
福建	32.74	8	32.26	10	75.08	3	31.41	12	40.52	6
江西	19.45	20	7.89	30	13.62	27	13.75	28	14.93	27
山东	23.23	14	23.66	17	14.64	26	15.54	26	18.66	22
河南	8.13	30	9.65	29	7.15	31	9.11	30	7.17	31
湖北	19.46	19	30.69	12	22.42	14	17.83	22	16.84	25
湖南	12.73	27	14.23	26	13.34	28	14.28	27	15.19	26
广东	35.72	5	27.71	14	19.06	20	20.90	16	25.12	14
广西	14.82	25	17.72	23	17.06	24	18.60	20	21.93	17
海南	32.85	7	39.72	8	53.27	4	36.07	8	34.44	10
重庆	25.39	12	29.18	13	18.48	23	16.14	25	21.33	18
四川	16.71	23	17.37	25	18.86	21	17.74	23	19.58	20
贵州	14.25	26	20.85	21	19.21	19	18.97	19	20.71	19

续　表

省份	2011	排名	2012	排名	2013	排名	2014	排名	2015	排名
云南	21.18	17	23.82	16	20.18	16	17.33	24	17.22	23
西藏	64.80	4	77.09	4	35.70	9	55.86	4	80.65	2
陕西	21.37	16	18.86	22	19.69	17	18.57	21	19.56	21
甘肃	14.85	24	22.91	18	18.80	22	27.55	13	12.79	28
青海	3.59	31	4.32	31	32.41	11	48.97	5	43.92	5
宁夏	31.39	9	41.43	6	32.57	10	34.55	9	30.63	11
新疆	20.89	18	31.09	11	47.97	6	41.84	7	26.72	13

　　按照前文东部、中部、西部三个区域的划分标准,东部包括北京、天津、河北、辽宁、上海、江苏、浙江、福建、山东、广东、海南等 11 个省份;西部包括四川、重庆、贵州、云南、西藏、陕西、甘肃、青海、宁夏、新疆、广西、内蒙古等 12 个省份;中部包括山西、吉林、黑龙江、安徽、江西、河南、湖北、湖南等 8 个省份。通过统计分析,2011 年人均体育事业支出东部最高,为 34.16 元,西部次之,为 19.01 元,中部最低,仅为 14.80 元。随后,2012—2015 年各个区域的人均体育事业支出均有所变化,但依然没有改变东强中弱的态势。2015 年我国区域体育事业支出依然是东部最高,但西部、中部地区人均体育事业经费支出并未呈现出逐渐升高的态势,中部甚至出现了 2011 年以来的最低值,具体如表 5-4 所示。

表 5-4　2011—2015 年东中西部人均群众体育事业经费支出情况对比　单位:元

年份	东部	中部	西部	东、中、西部之比
2011	34.16	14.80	19.01	2.31∶1∶1.28
2012	37.89	15.96	22.32	2.37∶1∶1.40
2013	31.73	14.44	22.06	2.20∶1∶1.53
2014	28.17	14.40	22.87	1.95∶1∶1.59
2015	30.65	14.28	22.26	2.15∶1∶1.56

　　综上,体育事业支出科目主要包括体育竞赛支出、体育训练支出、体育场馆支出和群众体育支出。2011—2015 年间我国群众体育支出占体育事业支出经费的比重年均值只有 7% 左右,而竞技体育(体育竞赛和体育训练)支出是群众体育支出的 3 倍,群众体育支出不足将影响我国全民健身战略的推广以及体育事业的全面发展。体育事业财政支出中,中央政府的支出占比徘徊在 10% 左右,群众体育支出基本由地方政府包办,中央财政投入比重明显过低,这必然加重地方财政的投入压力。这种投入机制与我国现有的财政体制,财权上收,事权下放有关。从全国各省份人均体育事业经费支出来看,区域之间的差距仍然存在。2011 年东部人均体育事业支出最高,为 34.16 元,其次是西部,为 19.01 元,最低是中部地区,仅为 14.8 元。随后的 2012—2015 年各个区域的人均体育事业支出均有所提高,但依然没有改变东强中弱的态势。2015 年我国区域体育事业支出依然是东部最高,但西部、中部地区人均体育事业经费并未呈现出逐渐提高的态势,中部地区省份 2015 年人均数值甚至出现了 2011—2015 年以来的最低值。

第六章
我国公共体育服务财政投入效率分析

公共体育服务作为衡量现代社会文明程度的标准之一,其效率和水平的高低与群众的幸福指数有着直接的联系。效率可以表示为在既定的投入水平下促使产出水平最大化的实现,或在既定的产出水平下使投入水平最小化。通过对公共体育服务财政投入效率的实证分析,可以对公共体育服务财政投入效率进行准确评价[①],从而明确我国公共体育服务财政投入效率方面的问题所在,进而提出可行性的优化对策。

第一节 研究模型选择

一、DEA-TOBIT 模型

(一)DEA 模型

DEA 模型是一种数据包络分析法,是非参数效率评价方法,不需要处理投入和产出数据的纲量,也不用确定投入和产出指标间的权重。DEA 模型分为产出导向型和投入导向型,前者用于评估既定产出条件下的投入最小化,后者用于评估既定投入条件下的产出最大化,两者在本质上是等价的[②]。CCR 模型和 BCC 模型是数据包络分析法效率评价中最常用的两种模型。CCR 模型是在固定规模报酬的基础上提出来的,根据综合效率值是否等于 1 来判断

---

① 余平.财政体育投入的效率研究[J].武汉体育学院学报,2010,44(10):50-53+58.
② 邵伟钰.基于 DEA 模型的群众体育财政投入绩效分析[J].体育科学,2014,34(09):11-16+22.

决策单元的相对有效性,从而判断投入的资源是否充分利用,是否获得了最优的产出。CCR 模型无法区分纯技术效率和规模效率,当综合效率值不等于 1 的时候,无法判断是由于纯技术效率还是规模效率造成的。因此,本书在 CCR 模型基础上,用规模报酬可变假设取代固定规模报酬假设,并引入 Shephard 距离函数构建了能够区分纯技术效率和规模效率,以及判定 DMU 生产是否处于最优的 BCC 模型[①]。BCC 模型是规模报酬可变的 DEA 模型,不仅可以测量技术效率和规模效率,还可以判断 DMU 是处在规模报酬递增还是递减的状态。BCC 模型所用公式如下:

$$\min\theta$$

$$s.t. \begin{cases} \sum_{k=1}^{n} X_k \lambda_{kt} - s^- = \theta X_t \\ \sum_{k=1}^{n} Y_k \lambda_{kt} - s^+ = Y_t \\ \sum_{k=1}^{n} \lambda_k - = Y_t \\ s^- \geqslant 0, s^+ \geqslant 0, \lambda_k \geqslant 0, K = 1, 2, \ldots n \end{cases}$$

其中,s^+ 和 s^- 代表松弛变量,λ 和 θ 代表决策变量。同理,技术效率和规模效率达到 1 时,即为相对有效。技术效率表示资源的使用效率和管理水平,表示在投入给定的情况下产出是否达到最大,规模效率则表示投入规模是否合适,对资源的配置是否达到最佳。

(二) Tobit 模型

经典数据包络分析法计算出的效率值未能考虑不同主体所处的外部环境的差异性,会导致效率评估的"不公正性"。Tobit 模型以综合效率为被解释变量、外部环境因素为解释变量,进一步分析了效率的影响因素。Tobit 模型是因变量受到限制的一种回归模型,在因变量的数值是切割的情况下,采用最大似然法估计回归系数。由于第一阶段所计算出的效率值处于 0～1 之间,被解释变量被截取,直接使用 OLS(最小二乘法)模型容易导致参数估

---

① 王伟.基于 DEA 模型的山东省基本公共卫生服务效率评价[J].中国行政管理,2014(12): 86 - 89.

计出现偏误,因此采用截断的 Tobit 随机效应面板模型进行回归分析[1],通过回归结果对公共体育服务支出效率的影响因素进行解释和分析。

二、Malmquist 指数模型

马姆奎斯特(Malmquist)于 1953 年首次提出了 Malmquist 指数的概念,RolfFäre(1994)基于 DEA 模型提出了 Malmquist 指数模型,用来测量相邻两个决策单元间全要素生产率(TFP)的变化,分析决策单元在不同时间段内技术效率的变动,这一方法可以弥补 CCR 模型和 BCC 模型的不足。假设有 H 个主体,其中第 h 个主体期的投入和产出分别记为 x_t、y_t,如果用 t 时期的全要素生产效率当作参考指标,$t+1$ 时期的全要素生产率变化的指数可以描述为:

$$M_h^{t+1}(x_t, y_t, x_{t+1}, y_{t+1}) = \left[\frac{d_h^t(x_{t+1}, y_{t+1})}{d_h^t(x_t, y_t)} \frac{d_h^t(x_{t+1}, y_{t+1})}{d_h^t(x_t, y_t)} \right]^{1/2}, h = 1, \ldots, H$$

其中,$d_h^t(x_{t+1}, y_{t+1})$ 代表第 h 个主体以第 t 期的技术表示的第 $t+1$ 期技术效率水平;$d_h^t(x_t, y_t)$ 代表第 h 个主体以第 t 期的技术表示的当期技术效率水平;$d_h^{t+1}(x_{t+1}, y_{t+1})$ 代表以第 $t+1$ 期技术表示的当期技术效率水平。由此,全要素生产效率(TFP)指数公式可以变化为:

$$M_h^{t+1}(x_t, y_t, x_{t+1}, y_{t+1}) = T \times E =$$
$$\frac{d_h^t(x_{t+1}, y_{t+1})}{d_h^t(x_t, y_t)} \left[\frac{d_h^t(x_{t+1}, y_{t+1})}{d_h^{t+1}(x_{t+1}, y_{t+1})} \frac{d_h^{t+1}(x_{t+1}, y_{t+1})}{d_h^{t+1}(x_t, y_t)} \right]^{1/2}, h = 1, \ldots, H$$

Malmquist 指数可以被分解为技术进步变动指数和综合效率指数。技术效率变化指数是相对效率变化指数而言的,主要衡量生产投入要素是否有浪费,资源配置是否最优,该指数描述的是由 t 期到 $t+1$ 期的每个决策单元到生产前沿面的追赶程度[2]。

---

[1] 王银梅,朱耘婵.基于面板数据的地方政府公共文化支出效率研究[J].经济问题,2015(06):35-40.

[2] 戚湧,张明,李太生.基于 Malmquist 指数的江苏创新资源整合共享效率评价[J].中国软科学,2013(10):101-110.

第二节 指标的选取

本文借鉴和参考袁春梅(2014)[①]以及国家体育总局经济司编制的《体育事业统计年鉴》里的统计指标,在度量我国公共体育服务财政效率时采用投入类指标,主要包含绝对指标和相对指标来进行数据的分析和研究。具体指标如下:人均公共体育服务财政支出($X1$),主要由该地区当年公共体育服务财政支出除以该地区当年总人口数量所得。公共体育服务财政支出占地方财政支出总额的比重($X2$),主要由政府公共体育服务财政支出额度除以政府财政支出总额所得。同时,基于产出指标全面反映投入的结果,选取与投入相对应的指标作为产出变量。产出指标主要采用代表地方公共体育服务供给能力的人均场地设施面积($Y1$)、体育社会组织个数($Y2$)、社会体育指导员人数($Y3$)、年度每万人国民体质监测站点数($Y4$)、年度每万人参加国民体质监测人数($Y5$)等 5 个指标,如表 6-1 所示。公共体育服务产出指标中的人均场地设施面积主要由场地设施面积除以各省份当年度的总人口所得。其中,2011 年和 2012 年人均场地设施面积是以各省份政府命名的群众体育场地、全民健身中心、体育公园、其他群众体育场地情况、政府援建国家级体育场地、政府援建省级体育场地、政府援建地级体育场地、政府援建县级体育场地的场地面积之和除以相应年度人口数量得出。2013—2015 年人均场地设施面积由各省份政府命名的群众体育场地、全民健身中心、体育公园、村级农民体育健身工程、乡镇体育健身工程、全民健身路径工程、户外健身场地设施和其他群众体育场地面积之和除以年度人口数量得出。相应年度社会体育指导员人数反映了我国公共体育服务体系建设和群众体育活动的科学化水平。需要特别指出的是,体育社会组织数指综合运动项目和单项运动项目组织数之和,这从某种程度上也反映了省级层面群众体育健身活动开展的基本情况,年度每万人国民体质监测人数指标从体质监测层面反映了群众体育活动的开展情况,有利于政府掌握国民体质现状和变化规律,推动全民健身活动的开展。通过查阅 2011—2015

---

① 袁春梅.我国体育公共服务效率评价与影响因素实证研究[J].体育科学,2014,34(04):3-10.

年《体育事业统计年鉴》和国家统计局网站的相关数据,得出各省份公共体育服务财政投入、产出指标的原始数据。

表 6-1 我国公共体育服务财政效率指标体系

投入指标	产出指标
X1,人均公共体育服务财政支出（元/人） X2,公共体育服务支出占地方财政支出总额的比重（%）	Y1,年度人均场地体育设施面积（平方米/万人） Y2,年度体育社会组织个数（个/万人）
	Y3,年度社会体育指导员人数（个/万人） Y4,年度每万人拥有国民体质监测站点（个/万人）
	Y5,年度每万人参加国民体质监测人数（人/万人）

目前,关于全国特别是各省份公共体育服务领域的效率和影响因素的研究相继出现,代表性文献主要有：余平(2010)运用 CCR 模型对 2003—2008 年我国财政体育投入的效率进行评价,发现 2003—2008 年我国财政体育投入效率总体上呈下降趋势,且下降速度不断加快。[1] 袁春梅(2014)对我国 2008—2011 年的公共体育服务效率进行评价,认为我国公共体育服务平均效率水平不断提高,地区间平均效率的差异在逐年缩小。[2] 邵伟钰(2014)运用数据包络分析法的 CCR 模型、BCC 模型和 SE-DEA 模型对 2011 年我国地方群众体育财政投入效率进行了分析评价。[3] 王占坤运用数据包络分析法评价 2008—2012 年浙江省 11 个地级市公共体育服务的效率,认为浙江省公共体育服务平均效率变化较为平稳,呈上升趋势。[4] 总之,国内学者对公共体育服务效率的研究仍然处于起步阶段,对静态效率的研究较多,而对于动态效率的研究较少,且在测度公共体育服务效率时存在测度年份未进行有效延伸的情况。国内学者对公共体育服务效率影响因素的研究主要从经济、人口密度等方面进行了分析,虽然影响因素及其估计结果出现了不一致,但这些为后续研究提供了有益借鉴,如表 6-2 所示。

① 余平.财政体育投入的效率研究[J].武汉体育学院学报,2010,44(10)：50-53+58.
② 袁春梅.我国公共体育服务效率评价与影响因素实证研究[J].体育科学,2014,34(04)：3-10.
③ 邵伟钰.基于 DEA 模型的群众体育财政投入绩效分析[J].体育科学,2014,34(09)：11-16+22.
④ 王占坤.浙江省公共体育服务体系建设研究[D].福州：福建师范大学,2015.

表 6-2　国内学者对公共体育服务效率影响因素的研究

研究学者	研究观点
曾争等(2015)	经济水平、人口密度、受教育程度和体育产业产值比重影响公共体育服务技术效率
卜华杰(2016)	经济水平、公共体育服务可及性和体育赛事影响公共体育服务效率
游国鹏等(2016)	经济水平、人口密度和地理因素影响公共体育服务效率
严淇美(2016)	人口密度和受教育程度影响公共体育服务效率
李欣(2017)	经济水平、人口密度和体育管理人员比重影响公共体育服务效率

　　一些学者认为经济发展情况、人口密度等一些因素与公共体育服务效率呈正相关,如曾争等(2015)研究认为,体育产业产值比重对技术效率的提升最为显著,地区经济增长水平对提高公共体育服务技术效率有正向效应;人口密度和受教育水平均对公共体育服务技术效率的提升有正向促进作用。[①] 李欣(2017)认为人均 GDP 对公共体育服务效率具有较高的正向影响;人口密度水平与公共体育服务效率具有一定的正相关影响;体育管理人员比例对公共体育服务效率起一定的正向作用,但并不是绝对的,如果超出了最优比例,反而会降低公共体育服务支出效率。[②] 另外,还有学者对人均 GDP 等经济发展指标和人口密度对公共体育服务发展效率正相关的观点持有相反态度或是中立态度。比如,游国鹏等(2016)认为,发展地区经济将有效促进群众体育投入产出效益的提高,人口密度对群众体育投入产出效益无影响,地理位置因素对群众体育投入产出效益的影响仅存在于中西部地区。[③] 严淇美(2016)研究得出:人口密度、60 岁以上人口比重、15—69 岁人口比重以及大专以上学历人员人口比重和公共体育效率呈正相关,其中人口密度的影响程度最大;而人均国民生产总值、年公共体育服务经费中非公共体经费投入金额与公共体育效率

① 曾争,董科,钟璞.我国省域公共体育服务的技术效率及其影响因素研究[J].武汉体育学院学报,2015,49(07):30-35.
② 李欣.基于 DEA 模型的我国少数民族自治州公共体育服务效率研究[J].广州体育学院学报,2018,38(04):78-82.
③ 游国鹏,刘海瑞,张欣,等.基于 DEA-Tobit 模型的我国 2012—2013 年群众体育投入产出效益评价与影响[J].天津体育学院学报,2016(3):209-215.

呈负相关。[①] 卜华杰(2016)认为公共体育服务的效率有时和地区经济发展水平成正比,有时则成反比。[②] 公共体育服务可及性程度越高,公共体育服务资源的利用效率就高。大型的体育赛事可以促进全民健身运动的开展,提高公共体育服务效率。由此看出,学界对公共体育服务效率影响因素的研究多数从经济发展水平和人口密度出发,但是观点不一;涉及其他方面的因素较少,而且对政府管理层面的影响考虑不多,所以公共体育服务效率影响因素的研究需要从多角度进行深入。传统 DEA 模型在测度政府公共体育服务效率时存在着对要素松弛因素的影响及效率测度偏误的认识不足等问题。并且,已有的政府公共体育服务效率影响因素指标存在着重复设置和社会发展联系不足等问题。因此,本研究旨在科学地测度政府公共体育服务效率。政府公共体育服务效率影响因素设置借鉴、参考众多学者的观点,在传统人口数量、人均 GDP等因素的基础上,引入财政分权、大专及以上文化程度人口占比等影响地方政府公共体育服务效率的因素。同时,运用 DEA 模型、Malmquist 指数模型科学地评价 31 个省份 2011—2015 年间公共体育服务财政效率及存在的问题,并运用 Tobit 模型分析影响公共体育服务财政效率的因素。

第三节　我国公共体育服务财政投入效率分析:基于 DEA 模型

党的十九大报告中提出:"广泛开展全民健身活动,加快推进体育强国建设,筹办好北京冬奥会、冬残奥会。"[③]从效率角度考虑,地方政府是地方性公共产品的有效提供主体,因为与中央政府相比,地方政府更能针对本地居民的消费偏好,以尽可能小的成本适量地提供本辖区内的公共品[④]。但从目前发展状况来看,公共体育服务财政支出在全国各省份间的差距较大,存在着一定的效率差异,导致了公共体育服务供给能力的参差不齐。现阶段,公共体育服务已

---

① 严淇美.温州市公共体育服务配置效率研究[D].福州:福建农林大学,2016.
② 卜华杰.我国东部地区公共体育服务效率的研究[D].济南:山东财经大学,2016.
③ 魏婉怡.困境与破解:现阶段我国社区体育发展的多元审视[J].北京体育大学学报,2017,40(12):14-19.
④ 王银梅,朱耘婵.基于面板数据的地方政府公共文化支出效率研究[J].经济问题,2015(06):35-40.

成为影响一个国家综合竞争力的重要因素之一。"资金"虽可以纳入"供给"的范畴,但公共财政投入的重要性使之必须单独分析。公共财政作为与市场经济发展要求相适应的一种财政类型,是满足社会公共需要的政府财政运行模式[①]。公共体育服务财政支出效率对于财政资源配置效率的提高以及公共体育服务的可持续发展具有重要作用。本研究利用 DEA 模型和 Malmquist 指数模型对我国各个省份公共体育服务 2011—2015 年财政支出效率进行了核算和分析,并运用 Tobit 随机效应面板模型对影响我国 31 个省份公共体育服务财政支出效率的因素进行了回归分析。这有助于我们寻找进一步提升公共体育服务效率的路径,促进我国公共体育服务快速发展。

一、我国公共体育服务财政投入静态效率结果

在 DEA 模型分析结果中,综合效率结果体现对决策单元的资源配置能力、资源使用效率等多方面能力的综合衡量与评价[②]。根据 BCC 模型,纯技术效率指制度和管理水平带来的效率,规模效率则表示现有规模与最优规模之间的差距所在[③]。根据我国各省份 2011—2015 年人均公共体育服务财政支出额度和公共体育服务支出占地方财政支出总额的比重,以及我国各省份公共体育服务产出指标中的人均场地体育设施面积(Y1)、体育社会组织个数(Y2)、年度社会体育指导员人数(Y3)、年度每万人拥有国民体质监测站点(Y4)、年度每万人参加国民体质监测人数(Y5)等 5 个指标的具体数值,使用软件 DEAP2.1 分析得出我国各省份公共体育服务财政投入产出综合效率的具体结果,如表 6 - 3 所示。

表 6 - 3　2011—2015 年我国地方政府公共体育服务综合效率

DMU	2011	2012	2013	2014	2015	各地区平均效率	各地区变异系数
北京	0.308	0.471	0.471	0.509	0.438	0.433	0.160
天津	0.181	0.450	0.334	0.494	0.410	0.353	0.311

---

① 汪来杰.公共服务:西方理论与中国选择[M].郑州:河南人民出版社,2007.
② 杨林,许敬轩.基于 DEA 模型的山东省公共服务财政效率评价研究[J].中国海洋大学学报(社会科学版),2013(04):46 - 51.
③ 赵佳佳.我国文化事业财政支出效率及影响因素[J].地方财政研究,2014(08):54 - 60.

DMU	2011	2012	2013	2014	2015	各地区平均效率	各地区变异系数
河北	0.559	0.308	0.534	0.557	0.536	0.487	0.197
山西	1.000	0.728	1.000	1.000	0.682	0.869	0.167
内蒙古	0.661	0.493	0.706	1.000	0.640	0.682	0.244
辽宁	0.421	1.000	0.710	0.871	0.697	0.711	0.274
吉林	0.920	0.830	0.538	0.673	0.566	0.690	0.215
黑龙江	0.305	0.261	0.557	0.380	0.508	0.386	0.295
上海	0.297	0.613	0.820	0.617	0.739	0.584	0.305
江苏	0.741	0.716	0.600	0.842	0.797	0.734	0.112
浙江	0.591	0.892	1.000	0.647	1.000	0.806	0.216
安徽	0.546	0.441	0.553	0.891	1.000	0.653	0.334
福建	0.297	0.226	0.126	0.429	0.441	0.276	0.435
江西	0.646	1.000	0.688	1.000	1.000	0.850	0.193
山东	0.569	0.447	0.797	1.000	0.621	0.661	0.292
河南	0.753	1.000	1.000	1.000	1.000	0.945	0.105
湖北	0.416	0.238	0.369	0.852	0.785	0.476	0.508
湖南	0.519	0.351	0.487	0.676	1.000	0.570	0.390
广东	0.247	0.635	0.475	0.651	0.490—	0.469	0.347
广西	1.000	0.742	0.552	0.588	0.358	0.613	0.350
海南	0.164	0.364	0.344	0.388	0.448	0.324	0.295
重庆	0.508	0.380	0.423	0.505	0.586	0.475	0.152
四川	0.633	0.482	0.412	0.470	0.470	0.488	0.152
贵州	0.653	0.217	0.442	0.530	0.554	0.450	0.327

DMU	2011	2012	2013	2014	2015	各地区平均效率	各地区变异系数
云南	0.469	0.925	1.000	0.577	0.494	0.658	0.341
西藏	0.196	0.173	1.000	1.000	0.819	0.488	0.770
陕西	0.432	0.734	0.705	0.782	0.713	0.659	0.187
甘肃	1.000	0.565	0.749	0.534	1.000	0.743	0.272
青海	1.000	1.000	1.000	0.690	1.000	0.928	0.134
宁夏	0.366	0.237	1.000	1.000	0.820	0.589	0.547
新疆	0.263	0.167	0.557	0.324	0.555	0.338	0.466
全国平均值	0.538	0.551	0.644	0.693	0.683	0.618	0.112
年度变异系数	0.470	0.492	0.372	0.312	0.307	——	——

注：变异系数是衡量各观测值变异程度的指标，计算公式：$CV=S/M$，其中 S 为标准差，M 为数据的平均值，一般认为变异系数大于 0.1，表示数值相对不稳定，变异系数越大，数据越离散，稳定性越差。

　　我国 31 个省份 2011—2015 年各年度公共体育服务财政综合效率变动趋势均不一致，各省份间存在着不同的社会经济发展水平。山西、河南、西藏、陕西、青海、宁夏等始终保持着较高的效率水平，且未曾经历较大的效率波动，是公共体育服务效率绩效实现较好的省份。天津、福建、海南、新疆等经历了一个较为明显的公共服务低效率的不良过程。吉林、甘肃、广西三个省份 2011 年公共体育服务财政保持相对的高效率，但在 2012 年以后三个省份效率均出现了大幅度下滑，这一现象应当引起各级政府的足够重视。当然，从我国 31 个省份 2011—2015 年公共体育服务综合效率五个年度变异系数平均值均大于 0.1 来看，离散程度较大，稳定性较差。2011—2015 年各省份公共服务效率得分情况为研究公共体育服务效率的影响因素提供了必要条件。图 6-4 是我国 31 个省份 2015 年公共体育服务财政综合效率、技术效率、规模效率以及规模效益变化的具体结果。

表 6 - 4　2015 年我国 31 个省份公共体育服务 DEA 效率

DMU	综合效率	技术效率	规模效率	规模效益	结 果 评 价	参 考 标 杆
北京	0.438	0.853	0.513	drs	非 DEA 有效,效益递减	浙江(0.237);江苏(0.763)
天津	0.410	0.723	0.567	drs	非 DEA 有效,效益递减	江苏(0.700);河南(0.300)
河北	0.536	0.615	0.871	drs	非 DEA 有效,效益递减	河南(0.789);安徽(0.131);江苏(0.081)
辽宁	0.697	1.000	0.697	drs	弱 DEA 有效,效益递减	辽宁(1.000)
上海	0.739	0.903	0.818	drs	非 DEA 有效,效益递减	浙江(0.111);江苏(0.249);江西(0.157);河南(0.482)
江苏	0.797	1.000	0.797	drs	弱 DEA 有效,效益递减	江苏(1.000)
浙江	1.000	1.000	1.000	—	DEA 有效,效益不变	浙江(1.000)
福建	0.441	0.725	0.608	drs	非 DEA 有效,效益递减	江苏(1.000)
山东	0.621	0.890	0.698	drs	非 DEA 有效,效益递减	河南(0.329);甘肃(0.344);浙江(0.017);江苏(0.310 0)
广东	0.490	0.779	0.629	drs	非 DEA 有效,效益递减	河南(0.450);江苏(0.550)
海南	0.448	0.552	0.812	drs	非 DEA 有效,效益递减	青海(0.192);安徽(0.132);江苏(0.676)
东部平均值	**0.577**	**0.807**	**0.715**			
山西	0.682	0.844	0.808	drs	非 DEA 有效,效益递减	河南(0.229);安徽(0.471);江苏(0.299)
吉林	0.566	0.646	0.876	drs	非 DEA 有效,效益递减	甘肃(0.392);河南(0.163);浙江(0.038);江西(0.003);江苏(0.385);青海(0.019)
黑龙江	0.508	0.662	0.767	drs	非 DEA 有效,效益递减	江苏(0.540);河南(0.045);安徽(0.415)
安徽	1.000	1.000	1.000	—	DEA 有效,效益不变	安徽(1.000)
江西	1.000	1.000	1.000	—	DEA 有效,效益不变	江西(1.000)

DMU	综合效率	技术效率	规模效率	规模效益	结果评价	参考标杆
河南	1.000	1.000	1.000	—	DEA有效,效益不变	河南(1.000)
湖北	0.785	0.973	0.807	drs	非DEA有效,效益递减	浙江(0.064);江苏(0.236);河南(0.700)
湖南	1.000	1.000	1.000	—	DEA有效,效益不变	湖南(1.000)
中部平均值	**0.655**	**0.835**	**0.785**			
内蒙古	0.640	0.802	0.798	drs	非DEA有效,效益递减	青海(0.280);江苏(0.552);河南(0.168)
广西	0.358	0.498	0.719	drs	非DEA有效,效益递减	甘肃(0.239);江苏(0.118);浙江(0.152);江西(0.189);辽宁(0.129);湖南(0.173)
四川	0.470	0.624	0.753	drs	非DEA有效,效益递减	江苏(0.397);安徽(0.296);河南(0.307)
贵州	0.554	0.650	0.853	drs	非DEA有效,效益递减	河南(0.536);青海(0.011);江苏(0.446);甘肃(0.007)
云南	0.494	0.582	0.849	drs	非DEA有效,效益递减	江苏(0.335);浙江(0.006);河南(0.659)
陕西	0.713	0.740	0.963	drs	非DEA有效,效益递减	河南(0.300);甘肃(0.368);浙江(0.267);江苏(0.064)
甘肃	1.000	1.000	1.000	—	DEA有效,效益不变	甘肃(1.000)
重庆	0.586	0.752	0.779	drs	非DEA有效,效益递减	江苏(0.041);辽宁(0.286);西藏(0.045);甘肃(0.628)
西藏	0.819	1.000	0.819	drs	弱DEA有效,效益递减	西藏(1.000)
青海	1.000	1.000	1.000	—	DEA有效,效益不变	青海(1.000)
宁夏	0.820	0.935	0.877	drs	非DEA有效,效益递减	江苏(0.30);浙江(0.000);江西(0.282);西藏(0.000 0);甘肃(0.409)

续　表

DMU	综合效率	技术效率	规模效率	规模效益	结 果 评 价	参 考 标 杆
新疆	0.555	0.707	0.786	drs	非 DEA 有效，效益递减	辽宁(0.201)；江苏(0.082)；甘肃(0.588)；西藏(0.130)
西部平均值	**0.649**	**0.756**	**0.845**			
全国平均值	**0.651**	**0.804**	**0.810**	**drs**	**非 DEA 有效，效益递减**	

注："irs"表示递增，"drs"表示递减，"—"表示效益不变。

（一）综合效率

综合效率是对公共体育服务决策单元的资源配置能力、资源使用效率等多方面能力的综合衡量与评价。浙江、安徽、江西、河南、湖南、甘肃、青海等7个省份综合效率、技术效率和规模效率三项数值均为 1.000，即达到强 DEA 有效；辽宁、江苏、西藏等 3 个省份仅满足技术效率或规模效率为 1.000，为弱 DEA 有效，其余 21 个省份为非 DEA 有效。全国公共体育服务财政综合效率平均值为 0.651，北京、天津、河北、山西、内蒙古、吉林、黑龙江、福建、山东、广东、广西、海南、重庆、四川、贵州、云南、新疆等 17 个省份数值低于全国平均值，占 31 个省份的 54.8%。同时，东部、中部和西部地区间公共体育服务供给效率差距显著，中部地区综合效率最高，数值达到 0.655，西部地区次之，东部地区最低，综合效率值为 0.577；综观东部、中部、西部地区各省份，东部的浙江、江苏综合效率值比较高，分别达到 1.000 和 0.797，而综合效率值最高的中部地区也存在着效率低下的省份，比如吉林、黑龙江，效率值分别仅为 0.566 和 0.508。

（二）技术效率

我国中部公共体育服务财政支出技术效率最高，数值为 0.835，东部地区效率值为 0.807，西部地区最低，效率值为 0.756；31 个省份财政纯技术效率平均值为 0.804。其中，辽宁、江苏、浙江、安徽、江西、湖南、河南、西藏、甘肃、青海等 10个省份的技术效率值为 1.000，表明这些省份公共体育服务财政资源配置较为合理。广西的纯技术效率最低,技术效率值为 0.498。经济发达的北京、上海和天津公共体育服务财政技术效率值分别为 0.853、0.903 和 0.723,而规模效率值分别为 0.513、0818 和 0.567,表明技术效率高于同年度的规模效率,拉动作用明显。中部的吉林、黑龙江,东部的河北、海南以及西部的重庆、广西、四川、贵州、云南、陕西以及新疆的规模效率高于技术效率,规模效率值较之技术效率值更加接近效率前沿面,表明管理和决策水平对公共体育服务财政效率的制约作用较大。

（三）规模效率与规模效益

我国 7 个强 DEA 有效省份的规模效率值为 1.000,规模效益稳定,未达到强 DEA 有效的 24 个省份规模效率值均低于 1.000,规模效益递减,这些省份公共体育服务财政要素资源投入配置结构不合理,大多数省份公共体育服务供给规模并没有达到最优水平,而财政投入力度不足是规模效率偏低的主要原因。根据规模效益递减(drs)需要缩小生产规模,减少要素投入的观点,基于我国公共体育服务发展的增长比小于投入的增长比,仅通过财政支出的增加来推进公共体育服务发展显得不合时宜。西部地区公共体育服务财政支出规模效率最高,规模效率值为 0.845,中部地区次之,规模效率值为 0.785,东部地区最低,规模效率值为 0.715。

总之,通过分析得知,东部、中部规模效率平均值分别为 0.715、0.785,小于相应的技术效率值 0.807 和 0.835,这说明要重视财政投入的规模经济性,加大两个地区的支出规模。西部地区财政支出规模效率值略高于技术效率,表明在重视提高经营管理水平的同时,仍然需要进一步加大财政投入力度。当然,尽管东部和中部的技术效率相对较高,但是仅为相对效率,两个地区公共体育服务财政资源配置和组织管理水平仍亟待提高。

（四）我国 31 个省份公共体育服务财政支出效率投影分析

投影分析即对无效决策单元在前沿面上的投影点与原始值之间的差异进行分析,无效决策单元在前沿上的投影点代表其目标值,目标值等于原始值与改进值之和[1]。对 31 个省份 2015 年相关指标的数据进行筛选,得出有效数据如表 6－5 所示。2015 年 16 个省份公共体育服务财政投入有冗余,占 31 个省

———————————

[1] 成刚.数据包络分析方法与 MaxDEA 软件[M].北京:知识产权出版社,2014.

表6-5 2015年相关省份投入冗余额(率)与产出不足额(率)分析

省份	投入冗余额及冗余率				Y1	Rate	Y2	Rate	产出不足额及不足率					
	X1	Rate	X2	Rate					Y3	Rate	Y4	Rate	Y5	Rate
北京	66.671	0.647	0.090	0.231	916.242	3.019	0.228	0.633	0	0	0	0	12.789	0.297
天津	23.290	0.453	0	0	906.172	5.227	0.260	1.182	0	0	0.030	0.750	35.732	2.552
河北	0	0	0.013	0.100	182.574	0.776	0	0	9.226	1.355	0	0	11.050	0.615
山西	0	0	0.015	0.083	0	0	0	0	1.725	0.113	0.034	3.4	28.602	2.200
内蒙古	5.642	0.144	0	0	614.402	1.538	0	0	0	0	0.037	1.233	52.047	3.470
吉林	0	0	0	0	0	0	0	0	3.616	0.287	0	0	0	0
黑龙江	0	0	0.018	0.078	115.428	0.223	0	0	4.249	0.347	0	0	4.460	0.149
上海	25.954	0.578	0	0	675.252	6.743	0.130	0.500	0	0	0	0	0	0
福建	4.000	0.099	0.090	0.231	993.303	3.282	0	0	23.939	4.569	0.059	1.967	6.800	0.17
山东	0	0	0.051	0.232	0	0	0	0	0.209	0.010	0	0	22.918	1.042
湖北	0.829	0.049	0	0	290.901	0.644	0.118	0.454	0	0	0	0	30.799	2.053
广东	1.785	0.118	0	0	262.185	0.448	0.244	1.220	0	0	0.039	1.3	8.000	0.235

续　表

省份	投入冗余额及冗余率					产出不足额及不足率									
	X1	Rate	X2	Rate	Y1	Rate	Y2	Rate	Y3	Rate	Y4	Rate	Y5	Rate
广西	0	0	0.057	0.219	0	0	0	0	0	0	0	0	0	0
海南	0	0	0	0	720.067	2.981	0	0	19.557	6.721	0.059	5.9	48.958	4.896
重庆	0	0	0	0	0	0	0	0	9.302	1.368	0.007	0.233	6.564	0.298
四川	0	0	0.028	0.133	0	0	0	0	11.174	1.615	0.042	4.2	0.491	0.017
贵州	0	0	0	0	0	0	0	0	14.759	2.180	0.057	5.7	40.782	6.697
云南	0	0	0.002	0.012	84.684	0.196	0	0	14.076	2.423	0	0	29.701	2.970
陕西	0.702	0.036	0	0	0	0	0.094	0.470	0	0	0	0	0.429	0.012
宁夏	9.863	0.322	0	0	0	0	0	0	9.423	1.002	0	0	0	0
新疆	0	0	0	0	0	0	0	0	11.826	2.77	0.046	0	35.394	0

注：投入松弛变量与投入指标原始值的比值即为投入冗余率，产出松弛变量与对应产出指标原始值的比值为产出不足率。

份的 51.6％。其中,人均公共体育服务财政支出(X1)和公共体育服务财政支出占地方财政支出总额比例(X2)出现冗余的省份均为 9 个,占 31 个省份的 29.0％。同时,在产出指标中,11 个省份人均场地体育设施面积(Y1)产出不足,6 个省份体育社会组织个数(Y2)产出不足,13 个省份社会体育指导员人数(Y3)存在不足,9 个省份每万人拥有国民体质监测站点数(Y4)存在不足,16 个省份每万人参加国民体质监测人数(Y5)存在不足。由此看出,产出指标存在不足的省份数量排在前三位的指标依次是每万人参加国民体质监测人数、社会体育指导员人数和人均场地体育设施面积。

改进效率是由径向比例改进值与松弛改进值之和除以投影目标值得出,表示各个单项指标存在的尚待改进的空间,及距离生产前沿上的投影点的距离。2011—2015 年我国 31 个省份公共体育服务产出不足的现象比较普遍,在投入改进的基础上需要注意产出指标存在的改进空间。其中,每万人参加国民体质监测人数、社会体育指导员人数和人均场地体育设施面积改进空间是产出指标的重点领域,如表 6-6 所示。较高的改进率表明要注意配置方式和政策的调整,各个省份要合理分配公共体育服务财政资源,明确产出不足之处,并分析深层次原因,改善落后的资源配置水平。

二、我国 31 个省份公共体育服务财政支出技术效率收敛性分析

我国 31 个省份 2011—2015 年公共体育服务财政全要素生产率总体上处于较高水平,全要素生产率变化主要受技术进步变化的影响,需要注重技术进步要素的开发。特别是 2015 年,东部地区公共体育服务技术效率平均值为 0.807,中部地区平均值为 0.835,西部地区平均值为 0.756,全国平均值为 0.804,中部地区最高,东部地区次之,而西部地区最低(见表 6-7)。

一般认为,地区之间过大或过小的技术差距都不利于实现技术收敛。有学者研究认为,后发地区能够凭借自己的后发优势,充分地吸收发达地区技术溢出效应,从而达到技术收敛的效果[①]。因此,本研究通过技术效率指标(见表 6-7)考察我国不同地区公共体育服务技术的收敛性,技术效率值。

---

① 李松龄,生延超.技术差距、技术溢出与后发地区技术收敛[J].河北经贸大学学报,2007(04):5-10.

表 6-6　相关省份公共体育服务财政投入产出改进效率

省份	X1 改进值	X1 改进率（%）	X2 改进值	X2 改进率（%）	Y1 改进值	Y1 改进率（%）	Y2 改进值	Y2 改进率（%）	Y3 改进值	Y3 改进率（%）	Y4 改进值	Y4 改进率（%）	Y5 改进值	Y5 改进率（%）
北京	66.671	183	0.090	0	916.242	72	0.228	35.1	0.000	0	0.000	0	12.789	20.2
天津	23.290	84	0.000	0	906.172	79.1	0.260	46.1	0.000	0	0.030	35.3	35.732	64.8
河北	0.000	0	0.013	11.1	182.574	32.3	0.000	0	9.226	45.4	0.000	0	11.050	27.4
山西	0.000	0	0.015	9.1	0.000	0	0.000	0	1.725	8.7	0.034	73.9	28.602	65.0
内蒙古	5.642	16.8	0.000	0	614.402	55.2	0.000	0	0.000	0	0.037	49.3	52.047	73.6
吉林	0.000	0	0.000	0	0.000	0	0.000	0	3.616	15.7	0.000	0	0.000	0
黑龙江	0.000	0	0.018	8.5	115.428	12.9	0.000	0	4.249	18.7	0.000	0	4.460	9.0
上海	25.954	137	0.000	0	675.252	85.9	0.130	31.1	0.000	0	0.000	0	0.000	0
福建	4.000	11	0.090	30	993.303	70.4	0.000	0	23.939	76.8	0.059	59	6.800	11
山东	0.000	0	0.051	30.2	0.000	0	0.000	0	0.209	0.9	0.000	0	22.918	48.1
湖北	0.829	5.2	0.000	0	290.901	38.5	0.118	30.6	0.000	0	0.000	0	30.799	66.6
广东	1.785	7.7	0.000	0	262.185	25.9	0.244	48.7	0.000	0	0.039	50.6	8.000	15.5

续 表

省份	X1 改进值	X1 改进率 (%)	X2 改进值	X2 改进率 (%)	Y1 改进值	Y1 改进率 (%)	Y2 改进值	Y2 改进率 (%)	Y3 改进值	Y3 改进率 (%)	Y4 改进值	Y4 改进率 (%)	Y5 改进值	Y5 改进率 (%)
广西	0.000	0	0.057	28.1	0.000	0	0.000	0	0.000	0	0.000	0	0.000	0
海南	0.000	0	0.000	0	720.067	62.2	0.000	0	19.557	78.8	0.059	76.6	48.958	73.0
重庆	0.000	0	0.000	0	0.000	0	0.000	0	9.302	50.7	0.007	14.9	6.564	18.3
四川	0.000	0	0.028	15.4	0.000	0	0.000	0	11.174	50.2	0.042	72.4	0.491	1.0
贵州	0.000	0	0.000	0	0.000	0	0.000	0	14.759	58.6	0.057	79.2	40.782	81.5
云南	0.000	0	0.002	1.2	84.684	10.3	0.000	0	14.076	58.5	0.000	0	29.701	63.4
陕西	0.702	3.7	0.000	0	0.000	0	0.094	25.8	0.000	0	0.000	0	0.429	0.9
宁夏	9.863	47.6	0.000	0	0.000	0	0.000	0	9.423	48.4	0.000	0	0.000	0
新疆	0.000	0	0.000	0	0.000	0	0.000	0	11.826	66.2	0.046	100	35.394	1

注：改进效率＝（径向比例改进值＋松弛改进值）÷目标值×100%，投入／产出调整值等于目标值与原始值之差额。

表 6 - 7　我国 31 个省份 2011—2015 年公共体育服务技术效率

地　区	2011 年	2012 年	2013 年	2014 年	2015 年
北京	0.955	0.748	0.902	0.835	0.853
天津	0.817	0.788	0.692	0.680	0.723
河北	0.739	0.422	0.651	0.579	0.615
辽宁	0.931	1.000	0.796	0.940	1.000
上海	0.945	0.755	1.000	0.740	0.903
江苏	1.000	0.918	0.948	1.000	1.000
浙江	1.000	1.000	1.000	0.959	1.000
福建	0.612	0.588	0.580	0.673	0.725
山东	0.786	0.542	1.000	1.000	0.890
广东	0.463	0.650	0.546	0.852	0.779
海南	0.350	0.576	0.389	0.502	0.552
东部平均值	**0.746**	**0.703**	**0.742**	**0.778**	**0.807**
山西	1.000	1.000	1.000	1.000	0.844
吉林	1.000	1.000	0.571	0.698	0.646
黑龙江	0.457	0.438	0.757	0.498	0.662
安徽	0.695	0.557	0.598	1.000	1.000
江西	0.787	1.000	0.692	1.000	1.000
河南	0.762	1.000	1.000	1.000	1.000
湖北	0.665	0.935	0.475	0.967	0.973
湖南	0.670	0.463	0.572	0.703	1.000
中部平均值	**0.735**	**0.755**	**0.685**	**0.835**	**0.835**
内蒙古	1.000	1.000	0.727	1.000	0.802

地 区	2011 年	2012 年	2013 年	2014 年	2015 年
广西	1.000	1.000	0.716	0.618	0.498
四川	0.903	0.717	0.520	0.568	0.624
贵州	0.782	0.263	0.457	0.569	0.650
云南	0.614	0.984	1.000	0.602	0.582
陕西	0.602	0.792	0.707	0.793	0.740
甘肃	1.000	0.752	0.833	0.693	1.000
重庆	0.798	0.483	0.461	0.554	0.752
西藏	0.474	1.000	1.000	1.000	1.000
青海	1.000	1.000	1.000	0.691	1.000
宁夏	0.676	0.762	1.000	1.000	0.935
新疆	0.424	0.650	0.568	0.411	0.707
西部平均值	**0.743**	**0.739**	**0.719**	**0.684**	**0.756**
全国平均值	**0.742**	**0.730**	**0.718**	**0.754**	**0.804**

注：相关数据根据《体育事业统计年鉴》相关数据计算得出。

本研究采用回归模型,模型公式如下：

$$Y_{it} = \alpha + \beta \ln TE_{io} + \varepsilon_{it} \quad ①$$

其中, Y_{it} 为 0 到 t 期间不同地区间公共体育服务的技术效率的增长率, $\beta \ln TE_{io}$ 为 0 期的技术效率, ε_{it} 为随机扰动项。[②] 这个方程即为检验 β 绝对收敛模型的简化形式。如果回归的结果 β 值为负,则表明存在着收敛性；如果为正,则表示存在发散性,回归的结果如表 6-8 所示。其中, R 为相关系数, B 为公共体育服务技术效率系数, P 值代表显著性, R^2 为调整的校正系数。从 β

① 赵伟,马瑞永,何元庆.全要素生产率变动的分解[J].统计研究,2005(07)：37-42.
② 赵伟,马瑞永,何元庆.全要素生产率变动的分解：基于 Malmquist 生产力指数的实证分析[J].统计研究,2005(07)：37-42.

系数及其统计检验可以看出,不同地区间公共体育服务技术效率存在着显著
的技术扩散现象。2011—2015 年我国公共体育服务技术效率系数为正值
(0.677),且在统计检验上不够显著,这表明我国各地区公共体育服务财政技
术收敛有着下降的趋势。因此,我国东部、中部和西部之间公共体育服务财政
技术差距客观存在,为了缩小三个地区公共体育服务财政技术效率的差距,政
府需要采取一定的措施加强各个地区之间技术领域的交流,进一步强化公共
体育服务财政投入产出技术效率的收敛趋势。

表 6 - 8　相关省份公共体育服务技术收敛性分析(2011—2015 年)

地　　区	2011—2015 年
常数项	3.692 4
R	0.314
B	0.677
P	0.323
R^2	0.188

资料来源:根据 2011—2015 年《体育事业统计年鉴》相关数据统计分析得出。

三、我国 31 个省份公共体育服务财政支出效率的聚类分析

聚类分析(cluster analysis)是一种将研究对象分为相对同质的群组
(clusters)的统计分析技术。本研究根据我国 31 个省份 2015 年公共体育服务
财政投入效率中规模效率和技术效率的具体情况,以各个省份公共体育服务
财政投入规模效率、技术效率的平均值为临界点,对全国 31 个省份公共体育
服务财政支出效率进行聚类分析。其中,公共体育服务财政投入的技术效率
平均值为 0.804,规模效率的平均值为 0.810,而各省份财政效率聚类分析的结
果主要表现为四种类型,如图 6 - 1 所示。

第一种类型为技术效率值大于 0.804、规模效率值在 0.810 以上的技术-规
模驱动型。由图 6 - 1 可以看出,浙江(1.000,1.000)、安徽(1.000,1.000)、江西
(1.000,1.000)、河南(1.000,1.000)、湖南(1.000,1.000)、甘肃(1.000,1.000)、

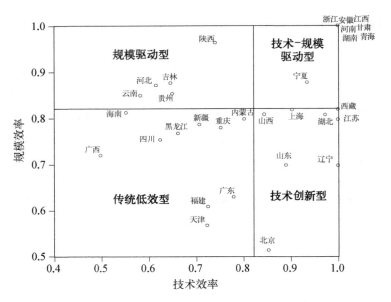

图6-1 我国31个省份公共体育服务财政效率空间散点示意

青海(1.000, 1.000)、宁夏(0.935, 0.877)等8个省份属于"双高型",这类地区相比其他地区的效率,需要进行的改进相对较小。

第二种类型为技术效率大于0.804、规模效率在0.810以下的技术创新型。西藏(1.000, 0.819)、江苏(1.000, 0.797)、湖北(0.973, 0.807)、上海(0.903, 0.818)、山西(0.844, 0.808)、山东(0.890, 0.698)、辽宁(1.000, 0.697)、北京(0.853, 0.513)等8个省份属于这种类型,这类地区公共体育服务财政资源管理水平和资源配置水平相对较高,但公共体育服务供给规模尚不足以满足居民的实际需求,这类地区需要在后续发展中重视公共体育服务的财政投入并加大投入力度。

第三种类型为技术效率在0.804以下、规模效率在0.810以上的规模驱动型。陕西(0.740, 0.963)、河北(0.615, 0.871)、吉林(0.646, 0.876)、云南(0.582, 0.849)、贵州(0.650, 0.853)等5个省份属于这种类型,这一类型的省份需要在后续发展中着重改进技术效率,即在公共体育服务供给过程中重视管理和配置水平的提高。

第四种类型为纯技术效率低于0.804、规模效率值低于0.810的传统低效型。内蒙古(0.802, 0.798)、广东(0.779, 0.629)、重庆(0.752, 0.779)、新疆

（0.707,0.786）、福建（0.725）,0.608）、天津（0.723,0.567）、黑龙江（0.662,
0.767）、四川（0.624,0.753）、海南（0.552,0.812）、广西（0.498,0.719）等 10 个省
份属于该类型,这不仅表明我国多数省份公共体育服务供给效率是"低技术效
率,低规模效率"的"双低"状态,效率存在着较大的提升空间,还说明管理水平
的提高和供给规模的"因地制宜"仍是未来提高各地区公共体育服务供给效率
的主要手段。

当然,这种对各省份公共体育服务财政综合效率的聚类分析更多的是
以技术效率和规模效率平均值为临界点进行的相对分析,旨在对全国范围
内各个省份公共体育服务财政投入效率进行综合性考量并提供有效的改进
思路。

第四节　我国公共体育服务财政支出效率的
影响因素分析：基于 Tobit 模型

众所周知,DEA 模型效率结果无法体现外部环境因素对效率的影响,而
运用 Tobit 模型对影响公共体育服务财政支出效率的外部因素进行回归分析
显得非常必要。本节根据已有文献选择影响公共体育服务财政支出效率的因
素,并依据公共体育服务的属性和发展特性,建立了以下的回归初始模型,以
财政分权程度、人均 GDP、人口密度、大专及以上文化程度人口占比等作为控
制变量,探讨公共体育服务财政支出效率的外部影响因素。

$$Y_{it} = C + a_1 X_1 + a_2 X_2 + a_3 X_3 + a_4 X_4$$

其中, Y_{it} 表示我国各个省份 2011—2015 年公共体育服务财政支出的综合效
率值, C 为常数项, a_1、a_2、a_3、a_4 分别为各个影响因素的回归系数, X_1、X_2、
X_3、X_4 分别为观察期间内各个年度的财政分权情况（%）、人均 GDP（元/人）、
人口密度（人/平方千米）、大专及以上文化程度人口占比（%）。其中,各年度
的财政分权指标主要采用 31 个省份地方财政预算内支出占国家财政总支出
的比重来体现;人口密度指标主要采用各省份每平方千米的居民数量来表示。
该部分研究的相关数据均来源于财政部官网,笔者对相关统计数据进行了计

算和分析。

　　本节采用截断的 Tobit 随机效应面板模型,运用 EViews 9.0 统计软件,并选择 Tobit 方法对 2011—2015 年我国公共体育服务财政支出的面板数据进行统计,得出相应的回归结果,如表 6-9 所示。

表 6-9　地方政府公共体育服务财政支出效率回归结果

变　　量	回归系数	标准差	P
财政分权情况(%)	1.71E+00	1.65E+00	0.301 4
人均 GDP(元/人)	8.14E−07	1.44E−06	0.573 1
人口密度(万人/平方千米)	−1.54E−05	3.86E−05	0.690 8
大专及以上文化程度人口占比(%)	−10.735 78**	4.680 695	0.021 8
常数项	7.42E−01***	8.30E−02	0
回归标准差	0.247 329		
残差平方和	9.053 402		
似然值	−0.301 788		

　　注:***、**、*分别表示在 1%、5%、10%的水平上显著。回归系数为正值,代表自变量与因变量呈正相关,反之,呈负相关。$P < 0.01$ 表示具有极其显著差异;$P < 0.05$ 表示具有显著差异;$P > 0.1$ 表示无差异。

一、关于财政分权与公共体育服务财政支出效率的关系

　　财政分权一直以来被认为是推进和维持中国经济快速增长的重要因素之一,财政分权程度越高意味着地方政府拥有越多的财政自主权。财政分权是中央政府与地方政府间财政分工的方式,其实质在于中央政府和地方政府间职责和权力范围的划分,以促进资源实现更有效的配置和社会福利的最大化。我国 1994 年的税制改革建立了分税制的财政分权体制,这使得地方政府发展经济的积极性得到提升。而经济上的分权客观上要求公共体育服务等领域要为促进发展做好相应的体制建设,从而促使公共体育服务财政效率水平的提高。由表 6-9 中的回归结果得知,财政分权情况回归系数为正,与公共体育服务财政效率呈现出正相关关系,$P > 0.05$,正相关关系

在统计学上并未出现显著性。因此，财政分权在一定程度上促进了公共体育服务效率水平的提高。

二、关于经济发展水平与公共体育服务财政支出效率的关系

一些学者认为经济发展情况与公共体育服务效率呈现出正相关，并认为人均 GDP 情况对公共体育服务效率具有较高的正向影响；[1]还有学者认为公共体育服务的效率和地区经济发展水平的关系时而成正相关，时而成负相关，具有动态不稳定特性。[2] 本文认为，经济发展水平对于提高公共体育服务财政支出效率具有促进作用，但回归分析结果显示出经济发展水平（人均 GDP）对公共体育服务财政支出效率提高的贡献作用并未充分体现，其影响作用在统计学上并不显著，这从某种程度上也反映了经济政绩观促进了地方政府经济增长的同时，也容易忽视公共体育服务的发展。

三、关于人口密度与公共体育服务财政支出效率的关系

有学者认为人口密度这一因素与公共体育服务效率具有相关性，人口密度对公共体育服务技术效率的提升有正向促进作用，即人口密度水平与公共体育服务效率具有一定的正相关影响。[3] 另外，有学者认为人口密度对公共体育服务发展效率影响具有零相关和负相关关系。[4] 还有学者认为人口密度对公共体育服务财政支出效率的影响程度最大。[5]

本书认为，人口密度对公共体育服务财政支出效率有着负向影响。较高的人口密度一般有利于降低行政管理成本，形成规模经济效应。而从回归结果分析得出，人口密度与公共体育服务财政效率水平的回归系数为负值，存在负向影响，充分印证了本文以上假设，但人口密度的影响效应在统计学上并不具有显著性，这说明公共体育服务财政支出规模效应并未出现，仍需加强公共体育服务财政支出网络效应和组织效应发挥。

① 游国鹏，刘海瑞等.基于 DEA - Tobit 模型的我国 2012—2013 年群众体育投入产出效益评价与影响［J］.天津体育学院学报，2016(03)：209 - 215.
② 卜华杰.我国东部地区公共体育服务效率的研究［D］.济南：山东财经大学，2016.
③ 严淇美.温州市公共体育服务配置效率研究［D］.福州：福建农林大学，2016.
④ 卜华杰.我国东部地区公共体育服务效率的研究［D］.济南：山东财经大学，2016.
⑤ 严淇美.温州市公共体育服务配置效率研究［D］.福州：福建农林大学，2016.

四、关于公众受教育程度与公共体育服务财政支出效率的关系

随着社会经济的快速发展,公众对公共体育服务的需求依然强烈。一些学者研究得出,公众的受教育程度对公共体育服务效率具有正向的影响作用,但是,在具体研究中,有的学者选取高中以上学历人口占比作为受教育程度指标,[1]有的学者选取大专及以上学历人口占比作为公众受教育程度的指标。[2]而本文通过回归分析得出,我国大专及以上学历人口的比例与公共体育服务财政支出效率存在着显著的负相关关系,反映了公共体育服务发展的水平仍然不足以提供充足的公共体育服务,或者各地公众体育权利意识依然薄弱。当然,影响公共体育服务财政支出效率的因素众多,除了上述影响因素之外,类似管理透明度、管理人员素质等难以测量的主客观因素,其影响程度也是值得研究的问题。

我国公共体育服务财政效率的影响因素主要包括各个年度的财政分权情况、人均 GDP、人口密度、大专及以上文化程度人口占比等。其中,财政分权情况、人均 GDP 与公共体育服务财政效率呈正相关,但在统计检验上不存在显著性;同时,人口密度和大专及以上文化程度人口占比与公共体育服务财政效率呈负相关,仅大专及以上文化程度人口占比与公共体育服务财政效率相关性在统计检验上具有显著性。

基于实证分析结果,为提高地方政府公共体育服务财政支出效率,各地区在提升经济发展水平的同时,需要高度重视公共体育服务的发展,为公共体育服务水平提升提供财政资金保障。建立公共体育服务财政支出的稳定增长机制,提升公共体育服务财政支出的管理水平,提高公共体育服务财政支出效率。针对公共体育服务项目内容的需求情况,政府需要出台扶持公共体育服务发展的相关政策,推动公共体育服务财政支出规模科学化、合理化,提升公共体育服务财政资源配置能力和管理能力。适当调整中央与地方在公共体育服务中财政投入的结构,加大地方政府对公共体育服务的财权集中力,提升地方政府公共体育服务财政投入的比重。坚持以为人民服务为导向,进一步发

---

① 曾争,董科,钟璞.我国省域公共体育服务的技术效率及其影响因素研究[J].武汉体育学院学报, 2015,49(07):30-35.
② 严淇美.温州市公共体育服务配置效率研究[D].福建农林大学,2016.

挥公共体育服务财政支出网络效应和组织效应,实现公共体育服务财政支出的规模效应。各地政府需要重视公民文化教育水平的提升,提高公民参与公共体育服务的积极性和主动性,确保社会能够提供充足的公共体育服务。

第五节　我国公共体育服务财政支出的动态效率分析:基于 Malmquist 指数模型

一、我国公共体育服务财政支出效率指数总体变化特征

对我国 2012—2015 年间公共体育服务财政支出的 Malmquist 指数进行分析,发现我国公共体育服务财政支出效率这几年总体呈现增长趋势,并且发展速度很快,2012—2015 年间全要素生产率(TFP 指数)的动态变化平均值为 1.120,表明公共体育服务全要素生产率改善了 12.0%,如表 6-10 所示。

表 6-10　2012—2015 年我国公共体育服务财政支出的 Malmquist 指数

年份	综合效率变动（effch）	技术进步变动（techch）	纯技术效率变动（pech）	规模效率变动（sech）	全要素生产率变动（tfpch）
2012	1.009	0.840	0.984	1.025	0.847
2013	1.234	1.336	0.984	1.254	1.648
2014	1.111	1.000	1.049	1.059	1.121
2015	0.990	1.015	1.067	0.927	1.004
平均值	1.082	1.035	1.020	1.060	1.120

注:此处数值与前一年对标,以 1 为基数,大于 1 表示增长,小于 1 表示降低。下同。

2012 年,我国公共体育服务财政支出的全要素生产率为 0.847,下降了 15.3%,这主要是源于技术进步指数下降了 16%。2013 年,公共体育服务财政支出全要素生产率为 1.648,增长了 64.8%,这是 2012—2015 年研究样本期间增长速度最快的一年,技术进步和规模效率是主要贡献者,平均值分别达到 1.336 和 1.254,增长率分别达到 33.6% 和 25.4%,而纯技术效率变动指数则下

降了 1.6％,拖累作用明显。2014 年,公共体育服务财政支出效率的全要素生产率为 1.121,增长率达到 12.1％。纯技术效率和规模效率是主要拉动因素,贡献率分别达到 4.9％和 5.9％,技术进步指数相对于 2013 年并没有显著变化,虽没有出现下滑趋势,但拉动作用并没有呈现出来。2015 年公共体育服务财政支出效率的全要素生产率为 1.004,相较于 2014 年,增长了 0.4％,技术进步和纯技术效率是主要贡献者,贡献率分别达到 1.5％和 6.7％,但是,2015 年我国公共体育服务财政支出效率的全要素生产率相对于 2012—2015 年的平均值,却下降了约 10％,这表明我国公共体育服务财政资源的利用情况并不稳定,效率仍然比较低。从综合效率变动角度看,2012—2015 年以 8.2％的平均速度增长。由于综合效率等于纯技术效率与规模效率的乘积,可以看出综合效率变动与纯技术效率变动密切相关。纯技术效率从 2012—2015 年虽然有升有降,但是这 4 年间平均增长率达到了 2.0％,这说明我国公共体育服务财政支出的管理力度总体上处于上升态势。从规模效率来看,2012—2014 年度规模效率值均大于 1,说明财政支出效率呈规模递增趋势,而 2015 年规模效率值仅为 0.927,说明仍然需要继续扩大公共体育服务财政支出规模。同时,从公共体育服务财政的技术进步变动角度看,2012—2015 年技术进步变动的均值为 1.035,2012 年的技术进步变动值为 0.840,2013 年技术进步变动值为 1.336,2014 年技术进步变动值为 1.000,2015 年技术进步变动值为 1.015,可以发现技术进步变动牵动着全要素生产效率的升降,这表明技术进步是影响我国公共体育服务财政支出效率的主要因素。

二、我国 31 个省份不同效率指数的分布特征

如表 6‐11 所示,从全国 31 个省份来看,2012—2015 年各省份公共体育服务财政支出全要素生产率变动主要受技术进步的影响,甘肃和青海 2 个省份的综合效率变动为 1.000,其技术进步变动值即为全要素生产率变动值。我国各个省份 2011—2015 年公共体育服务财政支出的全要素生产率总体上处于较高水平,但是 31 个省份之间的差距较大。其中,广东公共体育服务财政支出的全要素生产率最高,达到 1.632,广西公共体育服务财政支出的全要素生产率最低,为 0.653,最高值与最低值之间的差距达到 0.979。因此,要提高我国公共体育服务财政支出的效率,需要注重技术进步要素的开发,提升公共

体育服务的技术效率。

表 6-11　2012—2015 年我国各地区公共体育服务财政支出的 Malmquist 指数

地区	综合效率变动（effch）	技术进步变动（techch）	纯技术效率变动（pech）	规模效率变动（sech）	全要素生产率变动（tfpch）
北京	1.092	1.212	0.972	1.123	1.323
天津	1.228	1.167	0.970	1.266	1.432
河北	0.989	0.915	0.955	1.036	0.905
山西	0.909	0.937	0.959	0.948	0.852
内蒙古	0.992	0.719	0.946	1.048	0.713
辽宁	1.134	1.197	1.018	1.114	1.357
吉林	0.886	0.965	0.897	0.988	0.854
黑龙江	1.136	1.033	1.097	1.035	1.174
上海	1.256	1.130	0.989	1.270	1.419
江苏	1.018	1.316	1.000	1.018	1.340
浙江	1.141	1.069	1.000	1.141	1.219
安徽	1.163	0.922	1.095	1.062	1.073
福建	1.104	0.967	1.043	1.058	1.068
江西	1.115	1.256	1.062	1.051	1.401
山东	1.022	1.036	1.032	0.991	1.059
河南	1.073	1.230	1.070	1.003	1.320
湖北	1.172	1.230	1.100	1.066	1.441
湖南	1.178	0.792	1.105	1.066	0.934
广东	1.187	1.375	1.139	1.042	1.632
广西	0.774	0.844	0.840	0.921	0.653
海南	1.285	0.979	1.120	1.147	1.258

地区	综合效率变动 （effch）	技术进步变动 （techch）	纯技术效率 变动（pech）	规模效率变动 （sech）	全要素生产率 变动（tfpch）
重庆	1.036	1.045	0.985	1.052	1.083
四川	0.928	1.095	0.912	1.018	1.017
贵州	0.960	0.879	0.955	1.005	0.843
云南	1.013	1.364	0.987	1.027	1.382
西藏	1.430	1.096	1.205	1.186	1.566
陕西	1.133	1.180	1.053	1.076	1.337
甘肃	1.000	0.774	1.000	1.000	0.774
青海	1.000	0.955	1.000	1.000	0.955
宁夏	1.223	0.883	1.085	1.128	1.080
新疆	1.206	0.967	1.136	1.061	1.165
均值	**1.082**	**1.035**	**1.020**	**1.060**	**1.120**

2012—2015 年我国 31 个省份公共体育服务综合效率变异系数均大于 0.1，稳定性较差；同时，2012—2015 年综合效率变异系数年度平均值均大于 0.1，离散程度较大，稳定性很差。我国 31 个省份公共体育服务全要素生产率变动均值达到 1.120，综合效率变动指标最大值为 1.285，最小值为 0.774，均值达到 1.082，变异系数为 0.133，数值大于 0.1，31 个省份间公共体育服务综合效率变动值离散程度较大，稳定性较差。技术进步变动和全要素生产率变动平均值分别为 1.035、1.120，变异系数分别为 0.165 和 0.226，离散程度也较大，稳定性存在不足；31 个省份公共体育服务财政纯技术效率变化和规模效率变化的平均值分别为 1.020 和 1.060，变异系数分别为 0.077 和 0.074，离散程度相较于其他指标较小，稳定性较好。

进一步分析我国公共体育服务财政效率的分布特征，有利于把握公共体育服务不同效率指数的分布和来源，为公共体育服务效率的提升指明方向。从表 6 - 12 可以看出，所统计的 31 个省份中，公共体育服务全要素生产率获得改善的省份有 22 个,占总数的 71.0%,这充分说明我国大多数省份的全要素生产率得到了有效改善。当然,各个省份公共体育服务财政投入不同效率指数的离散差距还是很大的。其中,综合效率变化指标最大值为 1.285(海南),最小值为 0.774(广西),均值为 1.082,变异系数为 0.123,数值大于 0.1,说明 31 个省份间公共体育服务综合效率变化值离散程度较大,稳定性较差。而技术进步和全要素生产率变动均值分别为 1.035、1.120,变异系数分别为 0.165 和 0.226,大于 0.1,离散程度也较大,稳定性存在不足。与之相反的是,31 个省份公共体育服务纯技术效率变动和规模效率变动的平均值分别为 1.020 和 1.060,变异系数分别为 0.077 和 0.074,小于 0.1,离散程度相较于其他指标较小,稳定性较好。

表 6‑12　我国 31 个省份公共体育服务财政支出不同效率分布(2012—2015 年)

指　标	均值	标准差	变异系数	最小值	最大值	大于 1 的省份(个)	比例(%)
综合效率变动	1.082	0.133	0.123	0.774	1.285	22	71.0
技术进步变动	1.035	0.171	0.165	0.774	1.375	17	54.8
纯技术效率变动	1.020	0.079	0.077	0.840	1.205	15	48.4
规模效率变动	1.060	0.078	0.074	0.921	1.270	25	81.0
全要素生产率变动	1.120	0.253	0.226	0.655	1.638	22	71.0

注:变异系数是衡量各观测值变异程度的指标,计算公式为: $CV = S/M$,其中 S 为标准差,M 为数据的均值,一般认为变异系数大于 0.1,表示相对不稳定,并且变异系数越大,说明数据越离散,稳定性越差。

第七章
我国公共体育服务财政投入均等化
实证分析

　　我国国民经济和社会发展"十二五"规划纲要提出加快发展各项社会事业，推进基本公共服务均等化，加大收入分配调节力度。《"十三五"推进基本公共服务均等化规划》强调指出，我国已初步构建起覆盖全民的国家基本公共服务制度体系，各级各类基本公共服务设施不断改善，国家基本公共服务项目和标准得到全面落实，保障能力和群众满意度进一步提升①。在我国基本公共服务均等化问题日益受到党和政府重视的背景下，公共体育服务均等化问题也被提上了日程。党的十八大报告提出了"基本公共服务均等化总体实现"的目标，其首要任务是实现基本公共资源配置的均等化②。党的十九大报告提出"建立全面规范透明、标准科学、约束有力的预算制度，全面实施绩效管理"，并"广泛开展全民健身活动，加快推进体育强国建设"③。公共体育服务关乎公民的基本体育权利，反映了体育需求与供给过程中的一种价值取向与利益选择。"均等化"目标指政府等公共组织使用社会公共资源，向社会提供满足公民公共需求的、价值含量均等的公共产品和公共服务，并致力于保障公民在公共服务生产与提供过程中参与决策的机会均等④。公共服务均等化是公共财政的

---

① 易剑东.中国公共体育服务研究[J].体育学刊,2012,19(02)：1-10.
② 郭俊,高璇.着力推进基本公共服务均等化[N]经济日报,2013-10-25.
③ 共产党员网.党的十九大报告（2017年10月18日）[EB/OL].[2018-11-20].http://news.12371.cn/2018/10/31/ARTI1540950310102294.shtml.
④ 刘金程,李明刚.从政策到制度：元创新视角下的"基本公共服务均等化"[J].新视野,2008(03)：49-51.

基本目标之一,指政府要为社会公众提供基本的、在不同阶段具有不同标准的、最终大致均等的公共物品和公共服务。公共体育服务均等化的实质就是通过公共体育服务的公平、合理配置,实现社会整体福利水平的提高。

当前我国社会主要矛盾已经转化为人民日益增长的美好生活需要和不平衡不充分发展之间的矛盾;在全民健身上升为国家战略之后,我国人民群众对公共体育服务的需求日益高涨,公共体育服务供给侧结构性改革成为我国政府首选途径。2016 年,《体育发展"十三五"规划》明确指出要加快建设水平较高、内容完备、惠及全民的基本公共体育服务体系,逐步推动基本公共体育服务在地域、城乡和人群间的均等化[①];同年,《"健康中国 2030"规划纲要》提出遵循公平公正的原则,逐步缩小城乡、地区、人群间基本健康服务和健康水平的差异,实现全民健康覆盖,促进社会公平[②]。2017 年,党的十九大报告指出,"发展不平衡不充分的一些突出问题尚未解决""城乡区域发展和收入分配差距依然较大"[③]。要贯彻落实以上政策,解决相关问题,需要不断优化公共体育服务资源配置,促进公共体育服务资源配置的公平性。为了解决目前各省份特别是东部、中部、西部地区公共体育服务发展不均衡问题,很多测量差异化的方法被用到我国公共体育服务均等化水平分析中。刘亮(2012)梳理了我国公共体育服务在人、财、物等方面的资源配置数据,从横向与纵向上分析了我国公共体育服务资源配置的总体特征[④];周结友等(2013)探究了促进公共体育服务均等化相关原理,如收入均等化原理、帕累托原理、补偿原理[⑤];王家宏(2014)指出公共体育服务价值取向要注重共享和参与、重视公共体育服务均等化的实现[⑥]。关于城乡及区域公共体育服务资源配置的代表文献有:《我国城乡公共体育资源配置公平性评估指标体系研究》(2014);《差异化与均等化:

① 国家体育总局.体育发展"十三五"规划[EB/OL].(2016 – 05 – 05)[2017 – 11 – 27].http://www.sport.gov.cn/n316/n340/c723004/content.html.
② 中共中央　国务院印发"健康中国 2030"规划[EB/OL].(2016 – 10 – 25).http://www.gov.cn/zhengce/2016-10/25/content_5124174.html.
③ 共产党员网.党的十九大报告(2017 年 10 月 18 日)[EB/OL].[2018 – 11 – 20].http://news.12371.cn/2018/10/31/ARTI1540950310102294.shtml.
④ 刘亮.我国体育公共服务均等化的现状——基于资源配置的多维度分析[J].武汉体育学院学报,2012(12):5 – 9.
⑤ 周结友,肖剑.论基本公共体育服务均等化的福利经济学基础[J].吉林体育学院学报,2013(05):18 – 21.
⑥ 王家宏.我国公共体育服务体系研究[M].苏州:苏州大学出版社,2016.

我国城乡公共体育服务发展的实然困境及应然选择》(2018);《成都市公共体育服务均等化问题研究》(2015);《江苏县域公共体育服务资源的配置水平与影响机制分析》(2016)。此外,郭新艳(2018)从"投入—产出—结果"维度对投入水平、区域发展均衡性、信息化平台建设、社会公众体育健身干预与引导、评估反馈机制建设等多个方面的策略集合进行了分析[①]。目前,测度公共体育服务均等化有运用基尼系数、变异系数等方法。汤际澜(2011)运用层次分析法(AHP)构建了公共体育服务均等化的评价指标体系[②];朱梅新、熊飞(2013)运用优化的逼近理想解排序法(TOPSIS)对2009年8个西部省份的公共体育服务水平做出综合评价。[③] 从这些研究中发现,基尼系数和变异系数无法进行分解,无法判断问题的形成原因,也无法提出合理的解决对策。而泰尔指数可以衡量组内差距和组间差距。关于体育资源配置泰尔指数的研究有:江广金(2014)运用泰尔指数对江西省2013年的社会体育指导员、体育场地数、公共体育服务经费、体育社团的资源配置均等化进行的分析;[④]袁春梅(2014)运用泰尔指数,通过公共体育服务经费支出、群众体育场地面积和公益性社会体育指导员三个指标对我国2006—2011年公共体育服务资源配置的均等化水平进行的测量和分析;[⑤]胡娟(2016)采用泰尔指数对江苏省县城公共体育服务资源的配置水平进行的分析。[⑥] 综上所述,利用泰尔指数计算公共体育服务资源分配的研究,多集中于某地区、某个时间段,范围较小,且选取的指标也不够系统全面。本书运用泰尔指数从一般预算支出、公共体育服务经费投入、社会体育指导员人数、体育社会组织个数、国民体质监测站点数、国民体质监测人数、人均场地设施面积等指标对2011—2015年我国31个省份公共体育服务资源配置的区域差异情况进行分析,全面衡量公共体育服务资源配置的公平性。这有利于把握我国公共体育服务资源配置的公平情况,强化公共体育服务资源公平供给的针对性。

① 郭新艳.体育公共服务均等化问题的蕴含表达与处理策略研究[J].南京体育学院学报,2018(06):30-39.
② 汤际澜.我国基本公共体育服务均等化研究[D].苏州:苏州大学,2011.
③ 朱梅新,熊飞.西部民族地区体育公共服务均等化评价[J].石河子大学学报(哲学与社会科学版),2013(01):110-114.
④ 江广金.江西体育资源配置均等化研究[J].江西社会科学,2014(12):199-204.
⑤ 袁春梅.我国公共体育服务效率评价与影响因素实证研究[J].体育科学,2014,34(04):3-10.
⑥ 胡娟,杨靖三,等.江苏县域公共体育服务资源的配置水平与影响机制分析[J].体育科学,2016(10):18-25.

第一节　研究模型选择与指标选取

一、模型选择及计算方法

（一）模型选择

泰尔指数可将总体差异性分解为地区内差异和地区间差异。泰尔指数可以很好地分析不公平性是由地区间差异造成，还是由地区内差异引起的。泰尔指数现阶段已被广泛应用于分解不平衡现象，是衡量公共体育服务资源配置公平性的重要指标。本研究中的泰尔指数既可用来分析公共体育服务资源配置总体差异性又可用来分析地区内部差异和地区间差异[①]。因此，其在分解和分析资源供给的差异性、不平等性等方面有着广泛的应用，是衡量体育资源配置公平性的重要指标。本研究中的泰尔指数可分为我国公共体育服务资源配置区域间差异（东部、中部、西部）和各区域内部差异，并可以比较各区域间和区域内省份间公共体育服务资源配置的公平性，这有利于分析公共体育服务资源配置的总体差异性，地区间和地区内部差异性。

（二）计算方式

泰尔指数用于衡量我国公共体育服务资源总体的均等化水平及区域间和区域内的均衡性。泰尔指数越高，说明公共体育服务资源配置的公平性越差；反之，表示公共体育服务资源配置越公平。泰尔指数计算公式（7-1）：

$$T = \sum_{g=1}^{k} P_g \times \log(\frac{P_g}{Y_g}) \qquad (7-1)$$

公式（1）中，g 代表省份，$g_k(k=1,2,...,K)$ 代表第 k 组，g_k 中的个体数目为 n_k，则有 $\sum_{k=1}^{k} n_k = n$，P_g 为各省份人口数占各地区或全国总人口数的比例，Y_g 为各省份公共体育服务资源量占各地区或全国公共体育服务资源总量

---

① 张敏敏,王高玲,王彬夫.基于基尼系数和泰尔指数的新医改后江苏省卫生资源配置公平性研究[J].广西医学,2015,37(10)：1452-1456.

的比例。利用公式(1)计算得出各地区的泰尔指数,即 T_i 。泰尔指数分解公式(7-2)—(7-4)如下所示:

$$T_{总} = T_{组内} + T_{组间} \qquad (7-2)$$

$$T_{组内} = \sum_{i=1}^{n} P_i T_i \qquad (7-3)$$

$$T_{组间} = \sum_{i=1}^{n} P_i \times \log(\frac{P_i}{Y_i}) \qquad (7-4)$$

以上公式中,i 代表地区,$T_{总}$ 为总体差异;$T_{组内}$ 为组内差异,在本文中指我国不同地区内部公共体育服务资源配置的差异;$T_{组间}$ 为组间差异,在本文中指我国不同地区之间公共体育服务资源配置的差异;P_i 为各地区人口数占全国总人口数的比例;Y_i 为各地区公共体育服务资源量占全国公共体育服务资源总量的比例;T_i 为各地区泰尔指数。通过对泰尔指数进行分解,可计算出我国各地区内差异与地区间差异对全国总泰尔指数的贡献率,其计算公式为公式(7-5)和公式(7-6):

$$组内差异贡献值 = T_{组内}/T_{总} \qquad (7-5)$$

$$组间差异贡献值 = T_{组间}/T_{总} \qquad (7-6)$$

二、指标选取

综合考虑我国公共体育服务数据的连续性、可得性、科学性与可参考性等因素,本研究主要采用了 2011—2015 年我国 31 个省份一般预算支出、公共体育服务经费投入、社会体育指导员人数、体育社会组织个数、国民体质监测站点数、国民体质监测人数、人均场地设施面积等指标对我国公共体育服务资源配置的区域差异情况进行分析。各地区公共体育服务经费投入、社会体育指导员人数、体育社会组织个数、国民体质监测站点数、国民体质监测人数、人均场地设施面积等数据均来自 2011—2015 年《体育事业统计年鉴》,各省份人口数据和地方政府一般预算支出统计数据来自国家统计局官方网站,我国港澳台地区以及海外华侨人数未在本次统计范围之内。

第二节　2011—2015 年我国各省份公共体育服务资源配置的基本情况

表 7-1　2011—2015 年我国各省份及地区人口分布　　（单位：万人）

省份及地区	各年份人口数量				
	2011	2012	2013	2014	2015
北京	2 019	2 069	2 115	2 152	2 171
天津	1 355	1 413	1 472	1 517	1 547
河北	7 241	7 288	7 333	7 384	7 425
辽宁	4 383	4 389	4 390	4 391	4 382
上海	2 347	2 380	2 415	2 426	2 415
江苏	7 899	7 920	7 939	7 960	7 976
浙江	5 463	5 477	5 498	5 508	5 539
福建	3 720	3 748	3 774	3 806	3 839
山东	9 637	9 685	9 733	9 789	9 847
广东	10 505	10 594	10 644	10 724	10 849
海南	877	887	895	903	911
东部总计	**55 446**	**55 850**	**56 208**	**56 560**	**56 901**
山西	3 593	3 611	3 630	3 648	3 664
吉林	2 749	2 750	2 751	2 752	2 753
黑龙江	3 834	3 834	3 835	3 833	3 812
安徽	5 968	5 988	6 030	6 083	6 144
江西	4 488	4 504	4 522	4 542	4 566
河南	9 388	9 406	9 413	9 436	9 480

省份及地区	各年份人口数量				
	2011	2012	2013	2014	2015
湖北	5 758	5 779	5 799	5 816	5 852
湖南	6 596	6 639	6 691	6 737	6 783
中部总计	**42 374**	**42 511**	**42 671**	**42 847**	**43 054**
内蒙古	2 482	2 490	2 498	2 505	2 511
广西	4 645	4 682	4 719	4 754	4 796
重庆	2 919	2 945	2 970	2 991	3 017
四川	8 050	8 076	8 107	8 140	8 204
贵州	3 469	3 484	3 502	3 508	3 530
云南	4 631	4 659	4 687	4 714	4 742
西藏	303	308	312	318	324
陕西	3 743	3 753	3 764	3 775	3 793
甘肃	2 564	2 578	2 582	2 591	2 600
青海	568	573	578	583	588
宁夏	639	647	654	662	668
新疆	2 209	2 233	2 264	2 298	2 360
西部总计	**36 222**	**36 428**	**36 637**	**36 839**	**37 133**
总计	134 042	134 789	135 516	136 246	137 088

表 7-2　2011—2015 年我国各地区省级政府一般财政预算支出（单位：亿元）

省份及地区	各年份地方省级政府一般预算支出				
	2011	2012	2013	2014	2015
北京	3 245.23	3 685.31	4 173.66	4 524.67	5 737.7
天津	1 796.33	2 143.21	2 549.21	2 884.70	3 232.35

省份及地区	各年份地方省级政府一般预算支出				
	2011	2012	2013	2014	2015
河北	3 537.39	4 079.44	4 409.58	4 677.30	5 632.19
辽宁	3 905.85	4 558.59	5 197.42	5 080.49	4 481.61
上海	3 914.88	4 184.02	4 528.61	4 923.44	6 191.56
江苏	6 221.72	7 027.67	7 798.47	8 472.45	9 687.58
浙江	3 842.59	4 161.88	4 730.47	5 159.57	6 645.98
福建	2 198.18	2 607.5	3 068.8	3 306.7	4 001.58
山东	5 002.07	5 904.52	6 688.8	7 177.31	8 250.01
广东	6 712.4	7 387.86	8 411	9 152.64	12 827.8
海南	778.8	911.67	1 011.17	1 099.74	1 239.43
东部总计	**41 155.44**	**46 651.67**	**52 567.19**	**56 459.01**	**67 927.79**
山西	2 363.85	2 759.46	3 030.13	3 085.28	3 422.97
吉林	2 201.74	2 471.2	2 744.81	2 913.25	3 217.1
黑龙江	2 794.08	3 171.52	3 369.18	3 434.22	4 020.66
安徽	3 302.99	3 961.01	4 349.69	4 664.1	5 239.01
江西	2 534.60	3 019.22	3 470.3	3 882.7	4 412.55
河南	4 248.82	5 006.4	5 582.31	6 028.69	6 799.35
湖北	3 214.74	3 759.79	4 371.65	4 934.15	6 132.84
湖南	3 520.76	4 119	4 690.89	5 017.38	5 728.72
中部总计	**20 660.82**	**24 148.60**	**26 918.07**	**28 942.39**	**33 244.48**
内蒙古	2 989.21	3 425.99	3 686.52	3 879.98	4 252.96
广西	2 545.28	2 985.23	3 208.67	3 479.79	4 065.51
重庆	2 570.24	3 046.36	3 062.28	3 304.39	3 792

续 表

省份及地区	各年份地方省级政府一般预算支出				
	2011	2012	2013	2014	2015
四川	4 674.92	5 450.99	6 220.91	6 796.61	7 497.51
贵州	2 249.4	2 755.68	3 082.66	3 542.8	3 939.50
云南	2 929.6	3 572.66	4 096.51	4 437.98	4 712.83
西藏	758.11	905.34	1 014.31	1 185.51	1 381.46
陕西	2 930.81	3 323.8	3 665.07	3 962.5	4 376.06
甘肃	1 791.24	2 059.56	2 309.62	2 541.49	2 958.31
青海	967.47	1 159.05	1 228.05	1 347.43	1 515.16
宁夏	705.91	864.36	922.48	1 000.45	1 138.49
新疆	2 284.49	2 720.07	3 067.12	3 317.79	3 804.87
西部总计	**30 917.44**	**36 388.09**	**40 255.09**	**43 814.1**	**49 163.38**
总计	92 733.7	107 188.36	119 740.35	129 215.5	150 335.65

表 7-3 2011—2015 我国各省份及地区公共体育服务支出 （单位：万元）

省份及地区	各年份公共体育服务支出				
	2011	2012	2013	2014	2015
北京	182 261.2	227 862.9	177 675.53	182 432.53	223 752.37
天津	114 083.2	133 008.3	111 432.3	90 114.11	78 896.57
河北	73 622.6	102 073.7	83 921.63	93 870.38	73 750.45
辽宁	115 813.9	178 738.8	100 677.6	94 148.27	124 248.39
上海	232 092.2	200 815.5	115 729.1	144 112.92	108 511.99
江苏	244 390.1	391 811.1	277 505.06	272 433.42	291 218.18
浙江	182 025.7	203 112.2	183 605.11	187 521.93	200 585.17

省份及地区	各年份公共体育服务支出				
	2011	2012	2013	2014	2015
福建	121 787.3	120 906.8	264 145.11	119 564.48	155 572.59
山东	223 901.8	229 151.6	131 138.94	152 083.76	183 727.72
广东	375 288.5	293 581.9	169 636.94	224 129.4	272 516.54
海南	28 809.0	35 232.9	24 021.71	32 573.9	31 379.06
东部总计	**1 894 075.5**	**2 116 295.7**	**1 639 489.03**	**1 592 985.1**	**1 744 159.03**
山西	67 636.6	62 720.5	52 840	69 742.2	63 039.07
吉林	48 877.2	62 822.0	50 263.63	52 707.97	61 862.03
黑龙江	89 001.8	84 352.3	75 342.03	93 218.98	92 057.88
安徽	62 088.5	70 598.9	70 300.09	53 048.15	59 956.11
江西	87 274.6	35 523.6	58 514.86	62 435.58	68 163.86
河南	76 286	90 770.3	66 444.31	85 993.88	67 955.63
湖北	112 053.2	177 375.4	128 009.52	103 682.99	98 557.65
湖南	83 970.4	94 443.3	82 396.06	96 212.65	103 046.36
中部总计	**627 188.3**	**678 606.3**	**584 110.5**	**617 042.4**	**614 638.59**
内蒙古	57 755.1	68 021.7	75 529.21	106 401.33	98 588.31
广西	68 827.5	82 957.6	64 054.95	88 416.02	105 169
重庆	74 111.7	85 944.2	52 975.04	48 282.09	64 361.5
四川	134 511.1	140 262	135 193.82	144 407.38	160 594.29
贵州	49 422.8	72 637.8	53 941.4	66 552.9	73 104.54
云南	98 077	110 972.9	56 431.24	81 692.74	81 669.42
西藏	19 634.4	23 743.8	9 728.88	17 762.72	26 131.13
陕西	79 999.2	70 794.2	69 521.01	70 111.13	74 195.33

省份及地区	各年份公共体育服务支出				
	2011	2012	2013	2014	2015
甘肃	38 085.2	59 049.6	40 509.97	71 376.54	33 250.82
青海	2 039.4	2 475	16 473.96	28 547.68	25 824.26
宁夏	20 059.3	26 803.3	18 126.25	22 872.83	20 459.33
新疆	46 151.1	69 420.3	76 062.09	96 153.95	63 066.46
西部总计	**688 673.8**	**813 082.4**	**668 547.82**	**842 577.31**	**826 414.39**
总计	3 209 937.6	3 607 984.4	2 892 147.35	3 052 604.81	3 185 212.01

表 7-4　2011—2015 年我国各省份及地区体育社会组织一览　（单位：个）

省份及地区	各年份体育社会组织个数				
	2011	2012	2013	2014	2015
北京	710	386	421	381	790
天津	686	226	272	185	336
辽宁	2 470	1 337	1 116	1 265	1 018
河北	2 496	1 294	1 308	1 185	1 382
上海	698	365	648	578	638
江苏	2 204	2 117	3 491	5 068	5 515
浙江	3 492	1 920	2 342	2 434	2 907
福建	2 110	1 214	1 469	1 558	1 921
山东	3 124	1 707	2 783	2 459	3 541
广东	2 818	1 482	1 555	1 822	2 169
海南	270	226	237	217	318
东部总计	**21 078**	**12 274**	**15 642**	**17 152**	**20 535**

省份及地区	各年份体育社会组织个数				
	2011	2012	2013	2014	2015
山西	3 884	2 034	2 678	895	1 295
吉林	2 228	1 027	939	879	790
黑龙江	1 624	790	1 316	834	1 290
安徽	2 208	1 306	1 509	1 607	1 878
江西	2 288	1 175	1 270	1 317	1 693
河南	2 242	2 118	2 157	3 525	2 570
湖北	2 458	1 180	1 399	1 324	1 546
湖南	2 888	1 451	1 470	1 388	1 423
中部总计	**19 820**	**11 081**	**12 738**	**11 769**	**12 485**
内蒙古	2 524	1 393	1 192	1 118	1 225
广西	5 186	2 738	876	598	858
重庆	1 292	600	563	499	598
四川	4 202	2 222	2 209	2 126	2 263
贵州	1 808	220	990	884	1 066
云南	2 084	1 117	1 550	1 257	1 160
西藏	154	26	14	40	19
陕西	1 508	901	1 038	1 086	762
甘肃	1 256	751	608	618	702
青海	116	111	203	191	386
宁夏	450	275	169	408	266
新疆	758	497	439	421	459
西部总计	**21 338**	**10 851**	**9 851**	**9 246**	**9 764**
总计	62 236	33 709	38 231	38 167	42 784

表 7 - 5　2011—2015 年我国各省份及地区社会体育指导员一览　（单位：人）

省份及地区	各年份社会体育指导员人数				
	2011	2012	2013	2014	2015
北京	36 553	29 265	38 915	7 610	48 858
天津	16 518	19 943	—	4 834	31 294
河北	51 696	26 925	256	8 383	50 558
辽宁	68 275	129 086	19 060	10 715	82 647
上海	40 691	25 278	76 687	3 699	44 192
江苏	154 816	30 681	26	13 933	248 641
浙江	136 145	182 835	—	10 190	60 638
福建	39 837	21 268	—	1 802	20 121
山东	117 380	71 176	145 217	36 559	198 420
广东	106 963	141 301	39 097	27 559	223 044
海南	2 823	1 660	1 700	129	2 655
东部总计	**771 697**	**679 418**	**320 958**	**125 413**	**1 011 068**
山西	49 199	40 543	56 722	6 364	55 690
吉林	17 758	59 394	23 650	9 397	34 670
黑龙江	13 140	16 285	—	5 053	46 723
安徽	41 047	10 776	—	8 863	74 114
江西	22 155	15 318	21 118	9 786	39 627
河南	41 349	60 484	—	49 042	194 881
湖北	57 716	9 983	4 000	26 718	127 786
湖南	50 173	11 720	12 830	3 732	20 907
中部总计	**292 537**	**224 503**	**118 320**	**118 955**	**594 398**
内蒙古	22 993	24 324	—	6 049	47 932

续　表

省份及地区	各年份社会体育指导员人数				
	2011	2012	2013	2014	2015
广西	58 196	4 380	—	2 600	34 137
重庆	30 583	11 298	14 512	2 064	20 504
四川	90 945	41 850	—	4 347	56 780
贵州	28 769	17 958		1 179	23 893
云南	26 682	11 136		4 803	27 535
西藏	1 458	1 336	1 533	503	2 243
陕西	32 068	20 788	37 384	15 138	49 890
甘肃	19 307	21 737	32 949	9 358	47 085
青海	3 162	2 812	11 385	839	6 620
宁夏	3 993	4 044	19 716	1 500	6 279
新疆	10 219	7 693	8 225	208	10 078
西部总计	328 375	169 356	125 704	48 588	332 976
总计	1 392 609	1 073 277	564 982	292 956	1 938 442

数据来源:《体育事业统计年鉴》(2011—2015 年)。

注:"—"表示当年数据缺失,故未进行统计,本研究中以 0 进行统计计算。

表 7-6　2011—2015 年我国各省份及地区国民体质监测站点一览　（单位：个）

省份及地区	各年份国民体质监测站点数				
	2011	2012	2013	2014	2015
北京	220	27	222	247	306
天津	118	68	112	45	60
河北	120	89	285	265	197
辽宁	234	331	324	382	281

续 表

省份及地区	各年份国民体质监测站点数				
	2011	2012	2013	2014	2015
上海	91	81	90	213	221
江苏	443	318	894	919	788
浙江	592	597	1 934	1 126	2 065
福建	24	25	80	95	101
山东	315	287	447	586	578
广东	242	173	381	346	377
海南	27	4	27	90	5
东部总计	2 426	2 000	4 796	4 314	4 979
山西	611	14	54	1 124	34
吉林	255	35	48	101	149
黑龙江	128	16	78	103	170
安徽	16	19	48	66	89
江西	215	185	224	270	258
河南	242	157	399	330	480
湖北	163	150	282	465	468
湖南	40	30	123	167	153
中部总计	1 670	606	1 256	2 626	1 801
内蒙古	90	70	96	93	78
广西	108	108	132	143	225
重庆	41	40	58	68	78
四川	96	94	90	106	95
贵州	24	47	23	55	48

续 表

省份及地区	各年份国民体质监测站点数				
	2011	2012	2013	2014	2015
云南	482	137	235	180	197
西藏	1	4	14	77	5
陕西	18	81	246	340	384
甘肃	14 194	60	140	113	100
青海	28	2	25	27	23
宁夏	15	18	38	83	39
新疆	13	9	217	204	0
西部总计	**15 110**	**670**	**1 314**	**1 489**	**1 272**
总计	19 206	3 276	7 366	8 429	8 052

表7-7 2011—2015 年我国各省份及地区国民体质监测人数 （单位：人）

省份及地区	各年份国民体质监测人数				
	2011	2012	2013	2014	2015
北京	74 470	99 148	134 147	137 515	94 152
天津	18 050	64 500	27 848	47 352	21 960
河北	33 585	24 351	138 513	68 338	132 489
辽宁	67 296	281 071	292 305	168 481	99 115
上海	89 876	114 995	69 948	225 907	253 787
江苏	329 839	465 354	476 322	491 047	496 613
浙江	150 095	156 997	373 988	311 979	372 303
福建	8 970	14 159	46 232	169 140	154 871
山东	224 510	177 219	241 930	459 691	219 852

续 表

省份及地区	各年份国民体质监测人数				
	2011	2012	2013	2014	2015
广东	146 342	291 385	408 779	388 754	372 464
海南	5 456	18 700	2 655	18 340	8 740
东部总计	**1 148 489**	**1 707 879**	**2 212 667**	**2 486 544**	**2 226 346**
山西	1 500	4 020	22 730	105 979	46 000
吉林	67 115	16 368	43 000	105 829	93 920
黑龙江	28 448	28 498	146 116	136 022	112 667
安徽	15 451	22 498	34 712	90 733	213 487
江西	102 217	65 657	83 660	2 130 725	2 164 127
河南	105 058	169 327	233 911	344 341	374 100
湖北	63 523	40 675	109 229	141 330	85 113
湖南	320	310	82 379	278 176	94 608
中部总计	**383 632**	**347 353**	**755 737**	**3 333 135**	**3 184 022**
内蒙古	25 399	26 727	23 085	33 589	38 884
广西	8 945	11 220	113 621	149 225	294 932
重庆	67 200	46 411	42 374	163 107	66 000
四川	127 729	106 633	217 880	390 848	239 372
贵州	39 630	5 653	12 500	21 223	22 900
云南	75 899	178 453	463 074	113 062	46 452
西藏	—	—	11 000	12 511	2 448
陕西	16 044	83 567	129 028	89 361	135 324
甘肃	80 570	54 229	92 110	128 840	108 051
青海	2 580	1 200	—	25 587	62 937

续　表

省份及地区	各年份国民体质监测人数				
	2011	2012	2013	2014	2015
宁夏	3 465	3 410	6 660	150 496	106 526
新疆	2 130	5 804	110 415	82 045	—
西部总计	449 591	523 307	1 221 747	1 359 894	1 123 826
总计	1 981 712	2 578 539	4 190 151	7 179 573	6 534 194

数据来源：中国体育事业统计年鉴(2011—2015 年)。

注："—"表示当年数据缺失，故未进行统计，本研究中以 0 进行统计计算。

表 7－8　2011—2015 年我国各省份及地区体育场地设施面积一览　（单位：m²）

省份及地区	体育场地设施面积				
	2011	2012	2013	2014	2015
北京	115.71	302.85	425.76	842	303.45
天津	947.29	875.48	1 251.62	503.56	173.35
河北	304.26	158.72	864.71	677.86	235.18
辽宁	377.01	824.9	785.5	806.35	1 404.15
上海	55.94	30.83	436.44	315.65	100.13
江苏	381.61	177.12	247.34	605.44	1 410.96
浙江	1 030.29	835.62	1 128.33	573.13	825.06
福建	578.15	661.66	180.05	211.82	302.65
山东	418.54	222.31	1 683.97	1 900.31	831.16
广东	333.83	172.13	625.36	368.07	585.22
海南	262.54	125.65	292.35	265.31	241.54
东部总计	4 805.17	4 387.27	7 921.43	7 069.5	6 412.85
山西	1 341.52	1 310.72	600.76	1 037.71	566.03

省份及地区	体育场地设施面积				
	2011	2012	2013	2014	2015
吉林	642.84	641.19	433.35	636.6	665.81
黑龙江	246.43	65.33	853.39	674.21	517.94
安徽	186.74	191.61	682.85	305.68	269.54
江西	261.54	411.46	497.85	550.83	560.11
河南	170.29	599.42	1 150.32	582.74	527.73
湖北	221.71	2 043.49	556.61	634.21	451.73
湖南	155.26	213.06	734.25	1 101.44	1 097.5
中部总计	**3 226.33**	**5 476.28**	**5 509.38**	**5 523.42**	**4 656.39**
内蒙古	485.89	374.41	448.75	6 646.17	399.5
广西	184.12	117.56	1 157.6	1 499.74	490.13
重庆	396.43	222.31	711.55	770.73	811.81
四川	283.01	125.49	342.13	389.51	500.66
贵州	162.05	56.54	449.45	823.52	603.19
云南	300.77	119.03	347.19	369.69	431.28
西藏	118.15	3 827.27	3 913.21	1 634.2	1 269.39
陕西	622.69	421.23	232	1 001.93	592.06
甘肃	187.44	128.27	683.3	1 171.75	897.07
青海	215.88	1 701.78	1 518.23	1 814.24	875.46
宁夏	16.12	79.75	1 452.78	1 362.16	898.25
新疆	22.65	20.61	137.46	220.65	769.6
西部总计	**2 995.2**	**7 194.25**	**11 393.65**	**17 704.29**	**8 538.4**
总计	**11 026.7**	**17 057.8**	**24 824.46**	**30 297.21**	**19 607.64**

注：本部分的体育场地设施面积主要采用各年度新增体育场地设施面积表示。

表7-9 2011年全国各省份公共体育服务资源配置参数

省份	一般预算支出		公共体育服务支出		体育社会组织数		社会体育指导员数		国民体质监测站点数		国民体质监测人数		场地设施面积	
	N	Y_i	N	Y_i	N	Y_i	N	Y_i	N	Y_i	N	Y_i	N	Y_i
北京	3 245.23	0.035 0	182 261.2	0.056 8	710	0.011 4	36 553	0.026 2	220	0.011 5	74 470	0.037 6	115.71	0.010 5
天津	1 796.33	0.019 4	114 083.2	0.035 5	686	0.011 0	16 518	0.011 9	118	0.006 1	18 050	0.009 1	947.29	0.085 9
河北	3 537.39	0.038 1	73 622.6	0.022 9	2 470	0.039 7	51 696	0.037 1	120	0.006 2	33 585	0.016 9	304.26	0.027 6
辽宁	3 905.85	0.042 1	115 813.9	0.036 1	2 496	0.040 1	68 275	0.049 0	234	0.012 2	67 296	0.034 0	377.01	0.034 2
上海	3 914.88	0.042 2	232 092.2	0.072 3	698	0.011 2	40 691	0.029 2	91	0.004 7	89 876	0.045 4	55.94	0.005 1
江苏	6 221.72	0.067 1	244 390.1	0.076 1	2 204	0.035 4	154 816	0.111 2	443	0.023 1	329 839	0.166 4	381.61	0.034 6
浙江	3 842.59	0.041 4	182 025.7	0.056 7	3 492	0.056 1	136 145	0.097 8	592	0.030 8	150 095	0.075 7	1 030.29	0.093 4
福建	2 198.18	0.023 7	121 787.3	0.037 9	2 110	0.033 9	39 837	0.028 6	24	0.001 2	8 970	0.004 5	578.15	0.052 4
山东	5 002.07	0.053 9	223 901.8	0.069 8	3 124	0.050 1	117 380	0.084 3	315	0.016 4	224 510	0.113 3	418.54	0.038 0
广东	6 712.4	0.072 4	375 288.5	0.116 9	2 818	0.045 3	106 963	0.076 8	242	0.012 6	146 342	0.073 8	333.83	0.030 3
海南	778.8	0.008 4	28 809	0.009 0	270	0.004 3	2 823	0.002 0	27	0.001 4	5 456	0.002 8	262.54	0.023 8
山西	2 363.85	0.025 5	67 636.6	0.021 1	3 884	0.062 4	49 199	0.035 3	611	0.031 8	1 500	0.000 8	1 341.52	0.121 7

续 表

省份	一般预算支出		公共体育服务支出		体育社会组织数		社会体育指导员数		国民体质监测站点数		国民体质监测人数		场地设施面积	
	N	Y_i	N	Y_i	N	Y_i	N	Y_i	N	Y_i	N	Y_i	N	Y_i
吉林	2 201.74	0.023 7	48 877.2	0.015 2	2 228	0.035 8	17 758	0.012 8	255	0.013 3	67 115	0.033 9	642.84	0.058 3
黑龙江	2 794.08	0.030 1	89 001.8	0.027 7	1 624	0.026 1	13 140	0.009 4	128	0.006 7	28 448	0.014 4	246.43	0.022 3
安徽	3 302.99	0.035 6	62 088.5	0.019 3	2 208	0.035 8	41 047	0.029 5	16	0.000 8	15 451	0.007 8	186.74	0.016 9
江西	2 534.6	0.027 3	87 274.6	0.027 2	2 288	0.036 8	22 155	0.015 9	215	0.011 2	102 217	0.051 6	261.54	0.023 7
河南	4 248.82	0.045 8	76 286	0.023 8	2 242	0.036 0	41 349	0.029 7	242	0.012 6	105 058	0.053 0	170.29	0.015 4
湖北	3 214.74	0.034 7	112 053.2	0.034 9	2 458	0.039 5	57 716	0.041 4	163	0.008 5	63 523	0.032 1	221.71	0.020 1
湖南	3 520.76	0.038 0	83 970.4	0.026 2	2 888	0.046 4	50 173	0.036 0	40	0.002 1	320	0.000 2	155.26	0.014 1
内蒙古	2 989.21	0.032 2	57 755.1	0.018 0	2 524	0.040 6	22 993	0.016 5	90	0.004 7	25 399	0.012 8	485.89	0.044 1
广西	2 545.28	0.027 4	68 827.5	0.021 4	5 186	0.083 3	58 196	0.041 8	108	0.005 6	8 945	0.004 5	184.12	0.016 7
重庆	2 570.24	0.027 7	74 111.7	0.023 1	1 292	0.020 8	30 583	0.022 0	41	0.002 1	67 200	0.033 9	396.43	0.036 0
四川	4 674.92	0.050 4	134 511.1	0.041 9	4 202	0.067 5	90 945	0.065 3	96	0.005 0	127 729	0.064 5	283.01	0.025 7
贵州	2 249.4	0.024 3	49 422.8	0.015 4	1 808	0.029 1	28 769	0.020 7	24	0.001 2	39 630	0.020 0	162.05	0.014 7
云南	2 929.6	0.031 6	98 077	0.030 6	2 084	0.033 5	26 682	0.019 2	482	0.025 1	75 899	0.038 3	300.77	0.027 3

续表

省份	一般预算支出		公共体育服务支出		体育社会组织数		社会体育指导员数		国民体质监测站点数		国民体质监测人数		场地设施面积	
	N	Y_i	N	Y_i	N	Y_i	N	Y_i	N	Y_i	N	Y_i	N	Y_i
西藏	758.11	0.008 2	19 634.4	0.006 1	154	0.002 5	1 458	0.001 0	1	5.206 71E−05	—	0	118.15	0.010 7
陕西	2 930.81	0.031 6	79 999.2	0.024 9	1 508	0.024 2	32 068	0.023 0	18	0.000 9	16 044	0.008 1	622.69	0.056 5
甘肃	1 791.24	0.019 3	38 085.2	0.011 9	1 256	0.020 2	19 307	0.013 9	14 194	0.739 0	80 570	0.040 7	187.44	0.017 0
青海	967.47	0.010 4	2 039.4	0.000 6	116	0.001 9	3 162	0.002 3	28	0.001 5	2 580	0.001 3	215.88	0.019 6
宁夏	705.91	0.007 6	20 059.3	0.006 2	450	0.007 2	3 993	0.002 9	15	0.000 8	3 465	0.001 7	16.12	0.001 5
新疆	2 284.49	0.024 63	46 151.1	0.056 8	758	0.012 2	10 219	0.007 3	13	0.000 7	2 130	0.037 6	22.65	0.002 1

表 7 - 10 2012 年全国各省份公共体育服务资源配置参数

省份	一般预算支出		公共体育服务支出		体育社会组织数		社会体育指导员数		国民体质监测站点数		国民体质监测人数		场地设施面积	
	N	Y_i	N	Y_i	N	Y_i	N	Y_i	N	Y_i	N	Y_i	N	Y_i
北京	3 685.31	0.034 4	227 862.9	0.063 2	386	0.011 5	29 265	0.027 3	27	0.008 2	99 148	0.038 5	302.85	0.017 8
天津	2 143.21	0.020 0	133 008.3	0.036 9	226	0.006 7	19 943	0.018 6	68	0.020 8	64 500	0.025 0	875.48	0.051 3

续 表

省份	一般预算支出		公共体育服务支出		体育社会组织数		社会体育指导员数		国民体质监测站点数		国民体质监测人数		场地设施面积	
	N	Y_i	N	Y_i	N	Y_i	N	Y_i	N	Y_i	N	Y_i	N	Y_i
河北	4 079.44	0.038 1	102 073.7	0.028 3	1 337	0.039 7	26 925	0.025 1	89	0.027 2	24 351	0.009 4	158.72	0.009 3
辽宁	4 558.59	0.042 5	178 738.8	0.049 5	1 294	0.038 4	129 086	0.120 3	331	0.101 0	281 071	0.109 0	824.9	0.048 4
上海	4 184.02	0.039 0	200 815.5	0.055 7	365	0.010 8	25 278	0.023 6	81	0.024 7	114 995	0.044 6	30.83	0.001 8
江苏	7 027.67	0.065 6	391 811.1	0.108 6	2 117	0.062 8	30 681	0.028 6	318	0.097 1	465 354	0.180 5	177.12	0.010 4
浙江	4 161.88	0.038 8	203 112.2	0.056 3	1 920	0.057 0	182 835	0.170 4	597	0.182 2	156 997	0.060 9	835.62	0.049 0
福建	2 607.5	0.024 3	120 906.8	0.033 5	1 214	0.036 0	21 268	0.019 8	25	0.007 6	14 159	0.005 5	661.66	0.038 8
山东	5 904.52	0.055 1	229 151.6	0.063 5	1 707	0.050 639 295	71 176	0.066 3	287	0.087 6	177 219	0.068 7	222.31	0.013 0
广东	7 387.86	0.068 9	293 581.9	0.081 4	1 482	0.043 964 452	141 301	0.131 7	173	0.052 8	291 385	0.113 0	172.13	0.010 1
海南	46 651.67	0.000 8 5	35 232.9	0.009 8	226	0.006 704 441	1 660	0.001 546 665	4	0.001 2	18 700	0.007 3	125.65	0.007 4
山西	2 759.46	0.025 7	62 720.5	0.017 4	2 034	0.060 339 969	40 543	0.037 8	14	0.004 3	4 020	0.001 6	1 310.72	0.076 8
吉林	2 471.2	0.023 1	62 822	0.017 4	1 027	0.030 466 641	59 394	0.055 3	35	0.010 7	16 368	0.006 3	641.19	0.037 6
黑龙江	3 171.52	0.029 6	84 352.3	0.023 4	790	0.023 435 878	16 285	0.015 2	16	0.004 9	28 498	0.011 1	65.33	0.003 8

续　表

省份	一般预算支出		公共体育服务支出		体育社会组织数		社会体育指导员数		国民体质监测站点数		国民体质监测人数		场地设施面积	
	N	Y_i	N	Y_i	N	Y_i	N	Y_i	N	Y_i	N	Y_i	N	Y_i
安徽	3 961.01	0.037 0	70 598.9	0.019 6	1 306	0.038 743 362	10 776	0.010 0	19	0.005 8	22 498	0.008 7	191.61	0.011 2
江西	3 019.22	0.028 2	35 523.6	0.009 8	1 175	0.034 857 16	15 318	0.014 3	185	0.056 5	65 657	0.025 5	411.46	0.024 1
河南	5 006.4	0.046 7	90 770.3	0.025 2	2 118	0.062 831 885	60 484	0.056 4	157	0.047 9	169 327	0.065 7	599.42	0.035 1
湖北	3 759.79	0.035 1	177 375.4	0.049 2	1 180	0.035 005 488	9 983	0.009 3	150	0.045 8	40 675	0.015 8	2 043.49	0.119 8
湖南	4 119	0.038 4	94 443.3	0.026 2	1 451	0.043 044 884	11 720	0.010 9	30	0.009 2	310	0.000 1	213.06	0.012 5
内蒙古	3 425.99	0.032 0	68 021.7	0.018 9	1 393	0.041 324 275	24 324	0.022 7	70	0.021 4	26 727	0.010 4	374.41	0.022 0
广西	2 985.23	0.027 9	82 957.6	0.023 0	2 738	0.081 2	4 380	0.004 1	108	0.033 0	11 220	0.004 4	117.56	0.006 9
重庆	3 046.36	0.028 4	85 944.2	0.023 8	600	0.017 8	11 298	0.010 5	40	0.012 2	46 411	0.018 0	222.31	0.013 0
四川	5 450.99	0.050 9	140 262	0.038 9	2 222	0.065 9	41 850	0.039 0	94	0.028 7	106 633	0.041 4	125.49	0.007 4
贵州	2 755.68	0.025 7	72 637.8	0.020 1	220	0.006 5	17 958	0.016 7	47	0.014 3	5 653	0.002 2	56.54	0.003 3
云南	3 572.66	0.033 3	110 972.9	0.030 8	1 117	0.033 1	11 136	0.010 4	137	0.041 8	178 453	0.069 2	119.03	0.007 0
西藏	905.34	0.008 4	23 743.8	0.006 6	26	0.000 8	1 336	0.001 2	4	0.001 2	—	0	3 827.27	0.224 4

续 表

省份	一般预算支出		公共体育服务支出		体育社会组织数		社会体育指导员数		国民体质监测站点数		国民体质监测人数		场地设施面积	
	N	Y_i	N	Y_i	N	Y_i	N	Y_i	N	Y_i	N	Y_i	N	Y_i
陕西	3 323.8	0.031 0	70 794.2	0.019 6	901	0.026 7	20 788	0.019 4	81	0.024 7	83 567	0.032 4	421.23	0.024 7
甘肃	2 059.56	0.019 2	59 049.6	0.016 4	751	0.022 3	21 737	0.020 3	60	0.018 3	54 229	0.021 0	128.27	0.007 5
青海	1 159.05	0.010 8	2 475	0.000 7	111	0.003 3	2 812	0.002 6	2	0.000 6	1 200	0.000 5	1 701.78	0.099 8
宁夏	864.36	0.008 1	26 803.3	0.007 4	275	0.008 2	4 044	0.003 8	18	0.005 5	3 410	0.001 3	79.75	0.004 7
新疆	2 720.07	0.025 4	69 420.3	0.019 2	497	0.014 7	7 693	0.007 2	9	0.002 7	5 804	0.002 3	20.61	0.001 2

表 7 - 11 2013 年全国各省份公共体育服务资源配置参数

省份	一般预算支出		公共体育服务支出		体育社会组织数		社会体育指导员数		国民体质监测站点数		国民体质监测人数		场地设施面积	
	N	Y_i	N	Y_i	N	Y_i	N	Y_i	N	Y_i	N	Y_i	N	Y_i
北京	4 173.66	0.034 9	177 675.53	0.061 4	421	0.011 0	38 915	0	222	0.030 1	134 147	0.032 0	425.76	0.017 1
天津	2 549.21	0.021 3	111 432.3	0.038 5	272	0.007 1	—	0	112	0.015 2	27 848	0.006 6	1 251.62	0.050 4
河北	4 409.58	0.036 8	83 921.63	0.029 0	1 116	0.029 2	256	0	285	0.039	138 513	0.033 1	864.71	0.034 8

续表

省份	一般预算支出		公共体育服务支出		体育社会组织数		社会体育指导员数		国民体质监测站点数		国民体质监测人数		场地设施面积	
	N	Y_i	N	Y_i	N	Y_i	N	Y_i	N	Y_i	N	Y_i	N	Y_i
辽宁	5 197.42	0.043 4	100 677.6	0.034 8	1 308	0.034 2	19 060	0	324	0.044 0	292 305	0.069 8	785.5	0.031 6
上海	4 528.61	0.037 8	115 729.1	0.040 0	648	0.016 9	76 687	0	90	0.012 2	69 948	0.016 69	436.44	0.017 6
江苏	7 798.47	0.065 1	277 505.06	0.096 0	3 491	0.091 3	26	0	894	0.121 4	476 322	0.113 7	247.34	0.010 0
浙江	4 730.47	0.039 5	183 605.11	0.063 5	2 342	0.061 3	—	0	1 934	0.262 6	373 988	0.089 3	1 128.33	0.045 5
福建	3 068.8	0.025 6	264 145.11	0.091 3	1 469	0.038 4	—	0	80	0.010 9	46 232	0.011 0	180.05	0.007 3
山东	6 688.8	0.055 9	131 138.94	0.045 3	2 783	0.072 8	145 217	0	447	0.060 7	241 930	0.057 7	1 683.97	0.067 8
广东	8 411	0.070 2	169 636.94	0.058 7	1 555	0.040 7	39 097	0	381	0.051 7	408 779	0.097 6	625.36	0.025 2
海南	1 011.17	0.008 4	24 021.71	0.008 3	237	0.006 2	1 700	0	27	0.003 7	2 655	0.000 6	292.35	0.011 8
山西	3 030.13	0.025 3	52 840	0.018 3	2 678	0.070 0	56 722	0.100 4	54	0.007 3	22 730	0.005 4	600.76	0.024 2
吉林	2 744.81	0.022 9	50 263.63	0.017 4	939	0.024 6	23 650	0.041 9	48	0.006 5	43 000	0.010 3	433.35	0.017 5
黑龙江	3 369.18	0.028 1	75 342.03	0.026 1	1 316	0.034 4	—	0	78	0.010 6	146 116	0.034 9	853.39	0.034 4
安徽	4 349.69	0.036 3	70 300.09	0.024 3	1 509	0.039 5	—	0	48	0.006 5	34 712	0.008 3	682.85	0.027 5

续 表

省份	一般预算支出		公共体育服务支出		体育社会组织数		社会体育指导员数		国民体质监测站点数		国民体质监测人数		场地设施面积	
	N	Y_i	N	Y_i	N	Y_i	N	Y_i	N	Y_i	N	Y_i	N	Y_i
江西	3 470.3	0.029 0	58 514.86	0.020 2	1 270	0.033 2	21 118	0.037 4	224	0.030 4	83 660	0.019 96	497.85	0.020 1
河南	5 582.31	0.046 7	66 444.31	0.023 0	2 157	0.056 4	—	0	399	0.054 2	233 911	0.055 8	1 150.32	0.046 3
湖北	4 371.65	0.036 5	128 009.52	0.044 3	1 399	0.036 6	4 000	0.007 1	282	0.038 3	109 229	0.026 1	556.61	0.022 4
湖南	4 690.89	0.039 2	82 396.06	0.028 5	1 470	0.038 52	12 830	0.022 7	123	0.017 0	82 379	0.019 7	734.25	0.029 6
内蒙古	3 686.52	0.030 8	75 529.21	0.026 1	1 192	0.031 2	—	0	96	0.013 0	23 085	0.005 5	448.75	0.018 1
广西	3 208.67	0.026 8	64 054.95	0.022 1	876	0.022 9	—	0	132	0.017 9	113 621	0.027 1	1 157.6	0.046 6
重庆	3 062.28	0.025 6	52 975.04	0.018 3	563	0.014 7	14 512	0.025 69	58	0.007 9	42 374	0.010 1	711.55	0.028 7
四川	6 220.91	0.052 0	135 193.82	0.046 7	2 209	0.057 8	—	0	90	0.012 2	217 880	0.052 0	342.13	0.013 8
贵州	3 082.66	0.025 7	53 941.4	0.018 7	990	0.025 9	—	0	23	0.003 1	12 500	0.003 0	449.45	0.018 1
云南	4 096.51	0.034 2	56 431.24	0.019 5	1 550	0.040 5	—	0	235	0.031 9	463 074	0.110 5	347.19	0.014 0
西藏	1 014.31	0.008 5	9 728.88	0.003 4	14	0.000 4	1 533	0.002 713	14	0.001 9	11 000	0.002 6	3 913.21	0.157 6
陕西	3 665.07	0.030 6	69 521.01	0.024 0	1 038	0.027 2	37 384	0.066 168	246	0.033 4	129 028	0.030 8	232	0.009 3

续表

省份	一般预算支出		公共体育服务支出		体育社会组织数		社会体育指导员数		国民体质监测站点数		国民体质监测人数		场地设施面积	
	N	Y_i	N	Y_i	N	Y_i	N	Y_i	N	Y_i	N	Y_i	N	Y_i
甘肃	2 309.62	0.019 3	40 509.97	0.014 0	608	0.015 9	32 949	0.058 32	140	0.019 0	92 110	0.022 0	683.3	0.027 5
青海	1 228.05	0.010 3	16 473.96	0.005 7	203	0.005 3	11 385	0.020 151	25	0.003 4	—	0	1 518.23	0.061 1
宁夏	922.48	0.007 7	18 126.25	0.006 3	169	0.004 4	19 716	0.034 9	38	0.005 2	6 660	0.001 6	1 452.78	0.058 5
新疆	3 067.12	0.025 6	76 062.09	0.026 3	439	0.011 5	8 225	0.014 6	217	0.029 46	110 415	0.026 4	137.46	0.005 5

表7-12　2014年全国各省份公共体育服务资源配置参数

省份	一般预算支出		公共体育服务支出		社会体育组织数		社会体育指导员数		国民体质监测站点数		国民体质监测人数		场地设施面积	
	N	Y_i	N	Y_i	N	Y_i	N	Y_i	N	Y_i	N	Y_i	N	Y_i
北京	4 524.67	0.035 0	182 432.53	0.059 8	381	0.010 0	7 610	0.026 0	247	0.029 3	137 515	0.019 2	842	0.027 8
天津	2 884.7	0.022 3	90 114.11	0.029 5	185	0.004 8	4 834	0.016 5	45	0.005 3	47 352	0.006 6	503.56	0.016 6
河北	4 677.3	0.036 2	93 870.38	0.030 8	1 265	0.033 1	8 383	0.028 6	265	0.031 4	68 338	0.009 5	677.86	0.022 4
辽宁	5 080.49	0.039 3	94 148.27	0.030 8	1 185	0.031 0	10 715	0.036 6	382	0.045 3	168 481	0.023 5	806.35	0.026 6

续 表

省份	一般预算支出		公共体育服务支出		社会体育组织数		社会体育指导员数		国民体质监测站点数		国民体质监测人数		场地设施面积	
	N	Y_i	N	Y_i	N	Y_i	N	Y_i	N	Y_i	N	Y_i	N	Y_i
上海	4 923.44	0.038 1	144 112.92	0.047 2	578	0.015 1	3 699	0.012 6	213	0.025 3	225 907	0.031 5	315.65	0.010 4
江苏	8 472.45	0.065 6	272 433.42	0.089 2	5 068	0.132 8	13 933	0.047 6	919	0.109 0	491 047	0.068 4	605.44	0.020 0
浙江	5 159.57	0.039 9	187 521.93	0.061 4	2 434	0.063 8	10 190	0.034 8	1 126	0.133 6	311 979	0.043 5	573.13	0.018 9
福建	3 306.7	0.025 6	119 564.48	0.039 2	1 558	0.040 8	1 802	0.006 2	95	0.011 3	169 140	0.023 6	211.82	0.007 0
山东	7 177.31	0.055 5	152 083.76	0.049 8	2 459	0.064 4	36 559	0.124 8	586	0.069 5	459 691	0.064 0	1 900.31	0.062 7
广东	9 152.64	0.070 8	224 129.4	0.073 4	1 822	0.047 7	27 559	0.094 1	346	0.041 0	388 754	0.054 1	368.07	0.012 1
海南	1 099.74	0.008 5	32 573.9	0.010 8	217	0.005 7	129	0.000 4	90	0.010 7	18 340	0.002 6	265.31	0.008 8
山西	3 085.28	0.023 9	69 742.2	0.022 8	895	0.023 4	6 364	0.021 7	1 124	0.133 3	105 979	0.014 8	1 037.71	0.034 3
吉林	2 913.25	0.022 5	52 707.97	0.017 3	879	0.023 0	9 397	0.032 1	101	0.012 0	105 829	0.014 7	636.6	0.021 0
黑龙江	3 434.22	0.026 6	93 218.98	0.030 5	834	0.021 9	5 053	0.017 2	103	0.012 2	136 022	0.018 9	674.21	0.022 3
安徽	4 664.1	0.036 1	53 048.15	0.017 4	1 607	0.042 1	8 863	0.030 3	66	0.007 8	90 733	0.012 6	305.68	0.010 1
江西	3 882.7	0.030 0	62 435.58	0.020 5	1 317	0.034 5	9 786	0.033 4	270	0.032 0	2 130 725	0.296 8	550.83	0.018 9

续　表

省份	一般预算支出		公共体育服务支出		社会体育组织数		社会体育指导员数		国民体质监测站点数		国民体质监测人数		场地设施面积	
	N	Y_i	N	Y_i	N	Y_i	N	Y_i	N	Y_i	N	Y_i	N	Y_i
河南	6028.69	0.0467	85993.88	0.0282	3525	0.0924	49042	0.1674	330	0.0392	344341	0.0480	582.74	0.0192
湖北	4934.15	0.0382	103682.99	0.0340	1324	0.0347	26718	0.0912	465	0.0552	141330	0.0197	634.21	0.0209
湖南	5017.38	0.0388	96212.65	0.0315	1388	0.0364	3732	0.0127	167	0.0198	278176	0.0387	1101.44	0.0364
内蒙古	3879.98	0.0300	106401.33	0.0349	1118	0.0293	6049	0.0206	93	0.0110	33589	0.0047	6646.17	0.2194
广西	3479.79	0.0269	88416.02	0.0290	598	0.0157	2600	0.0089	143	0.017	149225	0.0208	1499.74	0.0495
重庆	3304.39	0.0256	48282.09	0.0158	499	0.0131	2064	0.0070	68	0.0081	163107	0.0227	770.73	0.0254
四川	6796.61	0.0526	144407.38	0.0473	2126	0.0557	4347	0.0148	106	0.0126	390848	0.0544	389.51	0.0129
贵州	3542.8	0.0274	66552.9	0.0218	884	0.0232	1179	0.0040	55	0.0065	21223	0.0030	823.52	0.0271
云南	4437.98	0.0343	81692.74	0.0268	1257	0.0329	4803	0.0163	180	0.0214	113062	0.0157	369.69	0.0122
西藏	1185.51	0.0092	17762.72	0.0058	40	0.0010	503	0.0017	77	0.0091	12511	0.0017	1634.2	0.0539
陕西	3962.5	0.0307	70111.13	0.0230	1086	0.0285	15138	0.0518	340	0.0403	89361	0.0124	1001.93	0.0331
甘肃	2541.49	0.0197	71376.54	0.0234	618	0.01619	9358	0.0319	113	0.0134	128840	0.0179	1171.75	0.0387

续 表

省份	一般预算支出		公共体育服务支出		社会体育组织数		社会体育指导员数		国民体质监测站点数		国民体质监测人数		场地设施面积	
	N	Y_i	N	Y_i	N	Y_i	N	Y_i	N	Y_i	N	Y_i	N	Y_i
青海	1 347.43	0.010 43	28 547.68	0.009 4	191	0.005 0	839	0.002 9	27	0.003 2	25 587	0.003 6	1 814.24	0.059 9
宁夏	1 000.45	0.007 7	22 872.83	0.007 5	408	0.010 7	1 500	0.005 1	83	0.009 8	150 496	0.021 0	1 362.16	0.045 0
新疆	3 317.79	0.025 67	96 153.95	0.031 5	421	0.011 03	208	0.000 7	204	0.024 2	82 045	0.011 4	220.65	0.007 3

表 7－13　2015 年全国各省份公共体育服务资源配置参数

省份	一般预算支出		公共体育服务支出		体育社会组织数		社会体育指导员数		国民体质监测站点数		国民体质监测人数		场地设施面积	
	N	Y_i	N	Y_i	N	Y_i	N	Y_i	N	Y_i	N	Y_i	N	Y_i
北京	5 737.7	0.038 2	223 752.37	0.070 3	790	0.018 46	48 858	0.025 2	306	0.038 00	94 152	0.014 4	303.45	0.015 5
天津	3 232.35	0.021 5	78 896.57	0.024 8	336	0.007 85	31 294	0.016 1	60	0.007 45	21 960	0.003 4	173.35	0.008 8
河北	5 632.19	0.037 5	73 750.45	0.023 2	1 018	0.023 793 942	50 558	0.026 1	197	0.024 47	132 489	0.020 3	235.18	0.012 0
辽宁	4 481.61	0.029 8	124 248.39	0.039 0	1 382	0.032 301 795	82 647	0.042 6	281	0.034 898 162	99 115	0.015 2	1 404.15	0.071 6
上海	6 191.56	0.041 2	108 511.99	0.034 1	638	0.014 9	44 192	0.022 8	221	0.027 4	253 787	0.038 8	100.13	0.005 1
江苏	9 687.58	0.064 4	291 218.18	0.091 4	5 515	0.128 9	248 641	0.128 3	788	0.097 9	496 613	0.076 0	1 410.96	0.072 0

续表

省份	一般预算支出		公共体育服务支出		体育社会组织数		社会体育指导员数		国民体质监测站点数		国民体质监测人数		场地设施面积	
	N	Y_i	N	Y_i	N	Y_i	N	Y_i	N	Y_i	N	Y_i	N	Y_i
浙江	6 645.98	0.044 2	200 585.17	0.063 0	2 907	0.067 9	60 638	0.031 3	2 065	0.256 5	372 303	0.057 0	825.06	0.042 0
福建	4 001.58	0.026 6	155 572.59	0.048 8	1 921	0.044 9	20 121	0.010 4	101	0.012 5	154 871	0.023 7	302.65	0.015 4
山东	8 250.01	0.054 9	183 727.72	0.057 7	3 541	0.082 8	198 420	0.102 4	578	0.071 8	219 852	0.033 6	831.16	0.042 4
广东	12 827.8	0.085 3	272 516.54	0.085 6	2 169	0.050 70	223 044	0.115 1	377	0.046 8	372 464	0.057 0	585.22	0.029 8
海南	1 239.43	0.008 2	31 379.06	0.009 9	318	0.007 4	2 655	0.001 4	5	0.000 6	8 740	0.001 3	241.54	0.012 3
山西	3 422.97	0.022 8	63 039.07	0.019 8	1 295	0.030 3	55 690	0.028 7	34	0.004 2	46 000	0.007 0	566.03	0.028 9
吉林	3 217.1	0.021 4	61 862.03	0.019 4	790	0.018 5	34 670	0.017 9	149	0.018 5	93 920	0.014 4	665.81	0.034 0
黑龙江	4 020.66	0.026 7	92 057.88	0.028 9	1 290	0.030 2	46 723	0.024 1	170	0.021 1	112 667	0.017 2	517.94	0.026 4
安徽	5 239.01	0.034 8	59 956.11	0.018 8	1 878	0.043 9	74 114	0.038 2	89	0.011 1	213 487	0.032 7	269.54	0.013 7
江西	4 412.55	0.029 3	68 163.86	0.021 4	1 693	0.039 57	39 627	0.020 4	258	0.032 0	2 164 127	0.331 2	560.11	0.028 6
河南	6 799.35	0.045 2	67 955.63	0.021 3	2 570	0.060 07	194 881	0.100 5	480	0.059 6	374 100	0.057 3	527.73	0.026 9
湖北	6 132.84	0.040 8	98 557.65	0.030 9	1 546	0.036 10	127 786	0.066 0	468	0.058 1	85 113	0.013 0	451.73	0.023 0
湖南	5 728.72	0.038 1	103 046.36	0.032 4	1 423	0.033 3	20 907	0.010 8	153	0.019 0	94 608	0.014 5	1 097.5	0.056 0

续　表

省份	一般预算支出		公共体育服务支出		体育社会组织数		社会体育指导员数		国民体质监测站点数		国民体质监测人数		场地设施面积	
	N	Y_i	N	Y_i	N	Y_i	N	Y_i	N	Y_i	N	Y_i	N	Y_i
内蒙古	4 252.96	0.028 3	98 588.31	0.031 0	1 225	0.028 6	47 932	0.024 7	78	0.009 7	38 884	0.006 0	399.5	0.020 4
广西	4 065.51	0.027 0	105 169	0.033 0	858	0.020 1	34 137	0.017 6	225	0.028 0	294 932	0.045 1	490.13	0.025 0
重庆	3 792	0.025 2	64 361.5	0.020 2	598	0.014 0	20 504	0.010 6	78	0.009 7	66 000	0.010 1	811.81	0.041 4
四川	7 497.51	0.049 8	160 594.29	0.050 4	2 263	0.052 9	56 780	0.029 3	95	0.011 80	239 372	0.036 6	500.66	0.025 5
贵州	3 939.5	0.026 2	73 104.54	0.023 0	1 066	0.024 9	23 893	0.012 3	48	0.006 0	22 900	0.003 5	603.19	0.030 8
云南	4 712.83	0.031 3	81 669.42	0.025 6	1 160	0.027 1	27 535	0.014 2	197	0.024 5	46 452	0.007 1	431.28	0.022 0
西藏	1 381.46	0.009 2	26 131.13	0.008 2	19	0.000 4	2 243	0.001 6	5	0.000 6	2 448	0.000 4	1 269.39	0.064 7
陕西	4 376.06	0.029 1	74 195.33	0.023 3	762	0.017 8	49 890	0.025 7	384	0.047 7	135 324	0.020 7	592.06	0.030 2
甘肃	2 958.31	0.019 7	33 250.82	0.010 4	702	0.016 4	47 085	0.024 3	100	0.012 4	108 051	0.016 5	897.07	0.045 8
青海	1 515.16	0.010 1	25 824.26	0.008 1	386	0.009 0	6 620	0.003 4	23	0.002 9	62 937	0.009 6	875.46	0.044 6
宁夏	1 138.49	0.007 6	20 459.33	0.006 4	266	0.006 2	6 279	0.003 2	39	0.004 8	106 526	0.016 3	898.25	0.045 8
新疆	3 804.87	0.025 3	63 066.46	0.019 8	459	0.010 7	10 078	0.005 2	0	0	—	0	769.6	0.039 3

第三节　基于区域划分的我国公共
体育服务泰尔指数

一、地方财政一般预算支出泰尔指数

如表 7-14 所示,从全国层面来看,2011—2015 年我国地方财政一般预算支出泰尔指数总差异从 2011 年的 0.000 715 到 2015 年的 0.000 669,在波动中呈现出下降趋势,这表明我国地方财政一般预算支出资源配置的不公平程度在逐渐减弱。关于地方财政一般预算支出泰尔指数,东部地区 11 个省份中,2011 年,只有河北、福建、山东、广东 4 个省份为正值,另 7 个省份为负值;2015 年,辽宁由负值转变为正值,而广东则由正值转变为负值。中部地区 8 个省份中,2011 年,吉林、黑龙江 2 个省份为负值,2015 年,仅有吉林仍为负值,其他 7 个省份泰尔指数均为正值。西部地区 12 个省份中,2011 年,只有广西、四川、贵州和云南 4 个省份为正值,2015 年,只有广西、四川和与云南 3 个省份为正值。数据显示,地方财政一般预算支出方面:31 个省份中,2015 年占据有利地位的是中部地区,中部最具优势的省份是黑龙江,其泰尔指数值为 0.000 47;而占据不利地位的是西部地区和东部地区,在西部地区,云南最具优势,其泰尔指数值为 0.001 478;在东部地区,最具优势的是福建,其泰尔指数值为 0.000 617。

表 7-14　2011—2015 年地方财政一般预算支出泰尔指数

省份及地区	2011 年	2012 年	2013 年	2014 年	2015 年
北京	−0.005 515	−0.005 376	−0.005 446	−0.005 461	−0.006 05
天津	−0.002 855	−0.002 94	−0.003 174	−0.003 364	−0.003 159
河北	0.008 163	0.008 246	0.009 044	0.009 5	0.008 67
辽宁	−0.003 595	−0.003 776	−0.004 117	−0.002 783	0.000 969
上海	−0.006 692	−0.006 083	−0.005 824	−0.005 883	−0.006 497

省份及地区	2011 年	2012 年	2013 年	2014 年	2015 年
江苏	−0.003 32	−0.002 796	−0.002 694	−0.002 927	−0.002 581
浙江	−0.000 293	0.000 802	0.000 469	0.000 217	−0.001 578
福建	0.001 9	0.001 615	0.001 005	0.001 063	0.000 617
山东	0.008 972	0.008 292	0.007 839	0.008 03	0.008 398
广东	0.002 705	0.004 483	0.003 81	0.003 605	−0.002 588
海南	−0.000 709	−0.000 733	−0.000 705	−0.000 72	−0.000 622
东部平均值	**−0.000 113**	**0.000 158**	**1.881 82E−05**	**0.000 116**	**−0.000 402**
山西	0.000 585	0.000 463	0.000 662	0.001 332	0.001 861
吉林	−0.001 304	−0.001 083	−0.001 071	−0.000 964	−0.000 554
黑龙江	−0.000 646	−0.000 487	0.000 07	0.000 695	0.000 47
安徽	0.004 315	0.003 553	0.003 921	0.004 123	0.004 897
江西	0.002 951	0.002 479	0.002 043	0.001 504	0.001 829
河南	0.012 908	0.012 168	0.012 028	0.011 881	0.012 752
湖北	0.004	0.003 738	0.002 951	0.002 066	0.000 841
湖南	0.005 543	0.005 31	0.004 961	0.005 191	0.005 612
中部平均值	**0.003 544**	**0.003 268**	**0.003 196**	**0.003 229**	**0.003 464**
内蒙古	−0.004 458	−0.004 398	−0.004 106	−0.003 917	−0.003 458
广西	0.003 509	0.003 333	0.003 962	0.003 925	0.003 912
重庆	−0.002 281	−0.002 495	−0.001 469	−0.001 455	−0.001 304
四川	0.004 565	0.004 267	0.003 665	0.003 305	0.004 738
贵州	0.000 728	0.000 061	0.000 042	−0.000 703	−0.000 196
云南	0.001 343	0.000 546	0.000 164	0.000 111	0.001 478

续　表

省份及地区	2011 年	2012 年	2013 年	2014 年	2015 年
西藏	−0.001 262	−0.001 297	−0.001 303	−0.001 388	−0.001 394
陕西	−0.001 502	−0.001 302	−0.001 172	−0.001 221	−0.000 61
甘肃	−0.000 081	−0.000 038	−0.000 102	−0.000 278	−0.000 304
青海	−0.001 658	−0.001 724	−0.001 625	−0.001 655	−0.001 591
宁夏	−0.000 969	−0.001 081	−0.000 98	−0.000 983	−0.000 933
新疆	−0.002 877	−0.003 068	−0.003 101	−0.003 078	−0.002 881
西部平均值	**−0.000 412**	**−0.000 600**	**−0.000 502**	**−0.000 611**	**−0.000 212**
总体平均值	**0.000 715**	**0.000 667**	**0.000 637**	**0.000 638**	**0.000 669**

二、公共体育服务财政支出泰尔指数

如表 7-15 所示,从全国层面来看,2011—2015 年间,我国公共体育服务财政支出泰尔指数从 2011 年的 0.002 305 到 2015 年的 0.062 801,在波动中呈上升趋势,这说明我国公共体育服务财政支出不公平程度并未呈现良好态势。31 个省份中,关于公共体育服务财政支出泰尔指数,东部地区,2011 年、2015 年,都仅有河北和山东 2 个省份为正值,其他 9 个省份均为负值。中部地区,2011 年 8 个省份均为正值,2015 年,除了黑龙江转为负值外,其他 7 个省份仍为正值。西部地区,2011 年,重庆、西藏和宁夏 3 个省份为负值,其他 9 个省份为正值。2015 年,内蒙古、西藏、青海、宁夏和新疆 5 个省份为负值,其他 7 个省份为正值。根据表 7-15 的数据,2015 年,我国公共体育服务财政支出方面,西部最具有优势,其平均值为 0.000 888,东部地区相对最弱,其泰尔指数平均值为 −0.002 260。在东部地区,占据优势的省份为山东,其泰尔指数值为 0.006 843;中部地区具有相对优势的省份是吉林,其泰尔指数值为 0.000 292;西部地区,重庆公共体育服务财政支出公平度较好,其泰尔指数值为 0.000 816。

表 7 – 15   2011—2015 年公共体育服务财政支出的泰尔指数

省份及地区	2011 年	2012 年	2013 年	2014 年	2015 年
北京	−0.008 681	−0.009 429	−0.009 288	−0.009 128	−0.010 246
天津	−0.005 52	−0.005 725	−0.005 973	−0.004 715	−0.003 853
河北	0.020 098	0.015 21	0.014 645	0.013 338	0.019 99
辽宁	−0.001 397	−0.005 934	−0.001 012	0.000 615	−0.002 764
上海	−0.010 784	−0.008 804	−0.006 26	−0.007 54	−0.005 046
江苏	−0.006 556	−0.015 673	−0.012 553	−0.010 75	−0.011 421
浙江	−0.005 846	−0.005 753	−0.007 889	−0.007 346	−0.007 787
福建	−0.003 769	−0.002 253	−0.014 365	−0.004 1	−0.006 765
山东	0.000 945	0.003 85	0.014 346	0.011 424	0.006 843
广东	−0.013 614	−0.001 184	0.009 961	0.002 377	−0.002 68
海南	−0.000 898	−0.001 128	−0.000 657	−0.001 371	−0.001 136
东部平均值	**−0.003 275**	**−0.003 348**	**−0.001 731**	**−0.001 563**	**−0.002 260**
山西	0.002 802	0.005 032	0.004 451	0.001 845	0.003 488
吉林	0.002 652	0.001 404	0.001 37	0.001 376	0.000 292
黑龙江	0.000 386	0.002 422	0.001 018	−0.001 002	−0.000 466
安徽	0.016 121	0.015 819	0.011 684	0.018 296	0.016 885
江西	0.003 027	0.017 733	0.007 251	0.007 073	0.006 399
河南	0.032 875	0.030 919	0.033 376	0.027 056	0.035 318
湖北	0.003 871	−0.002 548	−0.000 627	0.004 237	0.005 966
湖南	0.013 503	0.013 522	0.011 791	0.009 671	0.009 13
中部平均值	**0.009 405**	**0.010 538**	**0.008 789**	**0.008 569**	**0.009 627**
内蒙古	0.000 231	−0.000 163	−0.002 789	−0.005 107	−0.004 173

续　表

省份及地区	2011 年	2012 年	2013 年	2014 年	2015 年
广西	0.007 225	0.006 224	0.006 844	0.002 822	0.000 879
重庆	−0.000 553	−0.000 82	0.001 708	0.003 126	0.000 816
四川	0.009 386	0.011 256	0.006 409	0.006 057	0.004 455
贵州	0.005 837	0.002 805	0.003 66	0.001 86	0.001 287
云南	0.001 844	0.001 752	0.008 598	0.003 86	0.004 498
西藏	−0.000 977	−0.001 05	−0.000 379	−0.000 926	−0.001 277
陕西	0.001 379	0.004 232	0.001 743	0.002 257	0.002 068
甘肃	0.003 968	0.001 294	0.002 546	−0.001 707	0.004 918
青海	0.003 492	0.003 368	−0.000 536	−0.001 453	−0.001 186
宁夏	−0.000 56	−0.000 91	−0.000 548	−0.000 914	−0.000 585
新疆	0.000 977	−0.001 077	−0.003 292	−0.004 575	−0.001 046
西部平均值	**0.002 687**	**0.002 243**	**0.001 997**	**0.000 442**	**0.000 888**
总体平均值	**0.002 305**	**0.074 391**	**0.075 233**	**0.056 656**	**0.062 801**

三、体育社会组织泰尔指数

如表 7 - 16 所示，从全国层面来看，2011—2015 年，体育社会组织泰尔指数从 2011 年的 0.001 244 到 2015 年的 0.001 040，在波动中呈下降趋势，这说明我国体育社会组织不公平程度得到改善。31 个省份中，关于体育社会组织泰尔指数，东部地区 11 个省份中，2011 年，7 个为正值，4 个为负值，区域体育社会组织公平性程度低于中部地区；2015 年，北京等 6 个省份泰尔指数值为负值，其他 5 个省份为正值，其公平程度仍然低于西部和中部地区。中部 8 个省份中，2015 年，5 个为正值，3 个为负值。西部地区 12 个省份中，2015 年，9 个为正值，3 个为负值。表 7 - 16 数据显示，2015 年，31 个省份体育社会组织方面：占据优势地位的是中部地区，其泰尔指数平均值为 0.001 510，处于弱势的是东部地区,其泰尔指数平均值为 $-0.000\,559$。在东部,占据优势的省份是上海,其泰尔指数值为 $0.001\,519$;在中部,处于相对优势的是安徽,其泰尔指数值为 $0.000\,405$;在西部地区,贵州的公平度较好,其泰尔指数值为 $0.000\,368$。

表 7－16　2011—2015 年体育社会组织泰尔指数

省份及地区	2011 年	2012 年	2013 年	2014 年	2015 年
北京	0.001 818	0.002 051	0.002 364	0.003 148	−0.001 056
天津	−0.000 38	0.002 102	0.001 996	0.004 021	0.001 777
河北	0.006 988	0.008 387	0.010 774	0.013 112	0.012 158
辽宁	−0.002 751	−0.002 583	0.001 465	−0.000 392	0.004 098
上海	0.003 387	0.003 862	0.000 388	0.001 252	0.001 275
江苏	0.013 033	−0.001 325	−0.011 292	−0.020 832	−0.020 1
浙江	−0.005 659	−0.005 701	−0.007 26	−0.008 003	−0.009 121
福建	−0.002 413	−0.002 947	−0.003 893	−0.004 602	−0.005 742
山东	0.011 218	0.011 375	−0.000 42	0.003 402	−0.004 42
广东	0.018 672	0.020 33	0.022 448	0.017 094	0.015 306
海南	0.001 167	−0.000 011	0.000 182	0.000 441	−0.000 323
东部平均值	**0.004 098**	**0.003 231**	**0.001 523**	**0.000 786**	**−0.000 559**
山西	−0.009 838	−0.009 277	−0.011 183	0.001 542	−0.001 444
吉林	−0.004 962	−0.003 423	−0.001 68	−0.001 151	0.000 732
黑龙江	0.001 14	0.002 573	−0.002 407	0.003 087	−0.000 978
安徽	0.004 391	0.002 923	0.002 316	0.001 137	0.000 405
江西	−0.001 359	−0.000 401	0.000 065	−0.000 499	−0.002 493
河南	0.020 223	0.003 624	0.006 272	−0.008 658	0.004 229

续　表

省份及地区	2011 年	2012 年	2013 年	2014 年	2015 年
湖北	0.001 568	0.004 048	0.002 908	0.003 846	0.003 09
湖南	0.001 254	0.003 196	0.005 362	0.006 598	0.008 535
中部平均值	**0.001 552**	**0.000 408**	**0.000 207**	**0.000 738**	**0.001 510**
内蒙古	−0.006 305	−0.006 342	−0.004 208	−0.003 719	−0.003 554
广西	−0.013 205	−0.012 594	0.006 33	0.012 133	0.008 455
重庆	0.000 452	0.002 084	0.003 784	0.004 941	0.004 339
四川	−0.003 054	−0.002 103	0.000 903	0.001 818	0.003 209
贵州	−0.001 299	0.015 615	−0.000 023	0.001 184	0.000 368
云南	0.000 469	0.000 853	−0.002 387	0.000 741	0.003 659
西藏	−0.000 089	0.001 092	0.001 838	0.000 812	0.001 716
陕西	0.001 721	0.000 671	0.000 274	−0.000 32	0.005 293
甘肃	−0.000 445	−0.001 146	0.001 495	0.001 328	0.001 193
青海	0.001 511	0.000 499	−0.000 406	−0.000 291	−0.001 385
宁夏	−0.000 862	−0.001 075	0.000 184	−0.001 664	−0.000 516
新疆	0.002 164	0.000 944	0.002 72	0.003 111	0.003 536
西部平均值	**−0.001 578**	**−0.000 125**	**0.000 875**	**0.001 673**	**0.002 193**
总体平均值	**0.001 244**	**0.001 203**	**0.000 933**	**0.001 117**	**0.001 040**

四、社会体育指导员泰尔指数

如表 7 - 17 所示，从全国层面来看，2011—2015 年，社会体育指导员泰尔指数总体平均值从 2011 年的 0.001 606 1 到 2015 年的 0.002 388，虽有波动但整体数值是上升的，这说明我国社会体育指导员整体配置存在不公平，且不公平程度出现了上升。关于社会体育指导员泰尔指数，2011 年，东部地区

11 个省份中,有 3 个为正值,8 个为负值;中部地区 8 个省份中,除山西为负值外,另外 7 个省份均为正值;西部地区 12 个省份中,3 个为负值,其他 9 个为正值。表 7 - 17 数据显示,2015 年,我国社会体育指导员方面:31 个省份中,占据有利地位的是中部地区,其泰尔指数平均值为 0.003 187;在东部地区,占据优势的为浙江,其泰尔指数值为 0.004 491;中部地区,具有相对优势的是吉林,其泰尔指数值为 0.001 01;西部地区,青海公平度较好,其泰尔指数值为 0.000 425。

表 7 - 17 2011—2015 年社会体育指导员泰尔指数

省份及地区	2011 年	2012 年	2013 年	2014 年	2015 年
北京	−0.003 633	−0.003 830	−0.010 063	−0.003 413	−0.003 196
天津	−0.000 702	−0.002 606	—	−0.001 902	−0.001 755
河北	0.008 802	0.018 033	0.112 395	0.015 032	0.017 189
辽宁	−0.005 752	−0.018 478	−0.000 571	−0.001 771	−0.003 999
上海	−0.003 894	−0.002 209	−0.015 714	0.002 658	−0.001 973
江苏	−0.016 244	0.018 386	0.181 892	0.005 22	−0.019 976
浙江	−0.015 487	−0.025 293	—	0.002 64	0.004 491
福建	−0.000 365	0.004 091	—	0.018 359	0.012 07
山东	−0.004 965	0.002 502	−0.039 77	−0.017 228	−0.011 049
广东	0.000 686	−0.017 608	0.004 32	−0.006 094	−0.012 864
海南	0.003 329	0.004 138	0.002 255	0.007 805	0.004 558
东部平均值	**−0.003 475**	**−0.002 079**	**0.029 343**	**0.001 937**	**−0.001 500**
山西	−0.003 214	−0.003 998	−0.015 37	0.002 431	−0.000 838
吉林	0.004 232	−0.008 841	−0.006 38	−0.004 057	0.001 01
黑龙江	0.013 776	0.007 763	—	0.005 977	0.001 726

续　表

省份及地区	2011 年	2012 年	2013 年	2014 年	2015 年
安徽	0.007 976	0.028 693	—	0.007 546	0.003 093
江西	0.010 82	0.012 345	−0.001 644	−0.000 029	0.007 061
河南	0.026 103	0.006 477	—	−0.026 546	−0.011 238
湖北	0.000 669	0.028 454	0.033 435	−0.014 074	−0.008 056
湖南	0.006 663	0.032 224	0.016 654	0.029 125	0.032 735
中部平均值	**0.008 378**	**0.012 890**	**0.005 339**	**4.662 5E−05**	**0.003 187**
内蒙古	0.000 922	−0.001 640	—	−0.000 927	−0.002 387
广西	−0.002 818	0.032 305	—	0.020 746	0.010 429
重庆	−0.000 08	0.006 929	−0.001 511	0.010 836	0.007 003
四川	−0.002 186	0.011 178	—	0.036 14	0.018 569
贵州	0.002 533	0.004 882	—	0.020 753	0.008 239
云南	0.008 846	0.018 064	—	0.011 222	0.013 37
西藏	0.000 756	0.000 603	−0.000 164	0.000 311	0.000 733
陕西	0.002 338	0.004 389	−0.010 471	−0.007 5	0.000 869
甘肃	0.002 674	−0.000 475	−0.009 257	−0.004 283	−0.002 038
青海	0.001 148	0.000 894	−0.002 876	0.000 746	0.000 425
宁夏	0.001 053	0.000 505	−0.004 146	−0.000 111	0.000 864
新疆	0.005 791	0.006 028	0.000 999	0.023 204	0.008 952
西部平均值	**0.001 748**	**0.004 361**	**−0.003 918**	**0.009 262**	**0.005 419**
总体平均值	**0.001 606**	**0.005 287**	**0.011 701**	**0.004 284**	**0.002 388**

注:"—"表示数据缺失,计算时以 0 带入公式,不影响泰尔指数的整体计算。

五、国民体质监测站点泰尔指数

如表 7-18 所示,从全国层面来看,2011—2015 年,我国国民体质监测站点的泰尔指数总体平均值从 2011 年的 0.073 536 到 2015 年的 0.013 591,在波动中呈下降趋势,说明我国国民体质监测站点整体配置渐趋向于公平。关于国民体质监测站点泰尔指数,东部地区 11 个省份中,2015 年相较于 2011 年,7 个省份由正转负,这说明东部大部分处于不利地位的省份不公平性更加严重。中部地区 8 个省份中,2015 年相较于 2011 年,1 个由负转正,3 个由正转负。西部地区 12 个省份中,2011 年只有甘肃为负值,2015 年,陕西和宁夏 2 个省份为负值。表 7-18 数据显示,2015 年,在我国国民体质监测站点方面:东部地区最具优势地位,其泰尔指数平均值为 0.000 774 5;在东部地区,福建具有优势地位,数值为 0.012 039;中部地区,山西具有优势地位,其泰尔指数值为 0.005 896;西部地区,广西具有优势地位,其泰尔指数值为 0.000 836。

表 7-18 2011—2015 年国民体质监测站点泰尔指数

省份及地区	2011 年	2012 年	2013 年	2014 年	2015 年
北京	0.001 791	0.004 146	−0.004 461	−0.052 669	−0.010 406
天津	0.002 186	−0.003 11	−0.001 587	−0.047 052	−0.003 427
河北	0.050 607	0.016 162	0.007 883	−0.150 045	0.028 561
辽宁	0.014 02	−0.016 013	−0.004 303	−0.091 383	−0.007 26
上海	0.009 94	−0.002 582	0.002 921	−0.059 594	−0.004 828
江苏	0.024 006	−0.012 81	−0.018 532	−0.128 291	0.013 531
浙江	0.004 944	−0.026 483	−0.032 903	−0.091 671	−0.004 755
福建	0.037 37	0.015 615	0.011 389	−0.097 825	0.012 039
山东	0.046 144	−0.006 186	0.005 256	−0.165 356	−0.001 631
广东	0.062 209	0.013 574	0.014 25	−0.196 042	−0.014 079

续　表

省份及地区	2011 年	2012 年	2013 年	2014 年	2015 年
海南	0.004 369	0.004 814	0.001 689	−0.027 506	—
东部平均值	**0.023 417**	**−0.001 170**	**−0.001 673**	**−0.100 676**	**0.000 774 5**
山西	−0.001 994	0.021 357	0.015 074	−0.065 526	0.005 896
吉林	0.003 873	0.005 732	0.010 018	−0.073 041	−0.006 553
黑龙江	0.018 095	0.021 766	0.012 081	−0.097 445	−0.008 818
安徽	0.076 932	0.039 281	0.037 124	−0.154 32	0.015 835
江西	0.015 931	−0.007 615	0.001 346	−0.099 06	0.006 801
河南	0.052 175	0.011 388	0.007 501	−0.177 769	−0.016 354
湖北	0.030 254	−0.001 224	0.002 069	−0.112 184	0.007 567
湖南	0.067 584	0.035 989	0.023 247	−0.148 783	0.028 32
中部平均值	**0.032 856**	**0.015 834**	**0.013 557 5**	**−0.116 016**	**0.004 087**
内蒙古	0.011 05	−0.001 168	0.002 775	−0.067 895	0.006 094
广西	0.027 368	0.000 788	0.010 047	−0.112 624	0.000 836
重庆	0.021 965	0.005 522	0.009 743	−0.082 362	0.008 069
四川	0.064 843	0.019 159	0.041 27	−0.186 653	0.065 957
贵州	0.034 063	0.006 609	0.023 719	−0.097 189	—
云南	0.004 796	−0.002 86	0.001 213	−0.108 345	0.003 481
西藏	0.003 702	0.000 622	0.000 192	−0.010 903	—
陕西	0.041 164	0.001 436	−0.002 223	−0.081 784	−0.015 473
甘肃	−0.030 356	0.000 36	0.000 02	−0.068 339	
青海	0.001 964	0.003 583	0.000 423	−0.020 809	0.001 524
宁夏	0.003 745	−0.000 282	−0.000 14	−0.020 991	−0.000 649

续　表

省份及地区	2011 年	2012 年	2013 年	2014 年	2015 年
新疆	0.022 849	0.012 928	−0.004 116	−0.057 163	—
西部平均值	**0.017 263**	**0.003 891**	**0.006 910**	**−0.076 255**	**0.008 73**
总体平均值	**0.073 536**	**0.018 053**	**0.018 795**	**−0.292 947**	**0.013 591**

注：“—”表示数据缺失，计算时以 0 带入公式，不影响泰尔指数的整体计算。

六、国民体质监测人数泰尔指数

如表 7-19 所示，从全国层面来看，国民体质监测人数泰尔指数总体平均值从 2011 年的 0.008 361 到 2015 年的 0.006 057，在波动中有所下降，反映了国民体质监测人数配置不公平程度有所减弱，呈现出了良好的发展态势。关于国民体质监测人数泰尔指数，东部地区 11 个省份中，2011 年，北京、上海、辽宁等 6 个省份为负值，天津、河北等 5 个省份为正值；中部地区 8 个省份中，2011 年，除吉林、江西 2 个省份为负值外，其余 6 个为正值；西部地区 12 个省份中，除了重庆、四川、云南和甘肃 4 个省份为负值外，其他省份为正值（西藏数据缺失）。表 7-19 数据显示，我国国民体质监测人数方面，2015 年东部地区最具优势，其泰尔指数值为 0.005 71，东部地区占据最有利地位的是北京，其泰尔指数值为 0.000 65；中部地区，2015 年占据优势的省份为吉林，其泰尔指数值为 0.002 92；西部地区，2015 年最具有优势的省份为甘肃，其泰尔指数值为 0.001 129。

表 7-19　2011—2015 年国民体质监测人数泰尔指数

省份及地区	2011 年	2012 年	2013 年	2014 年	2015 年
北京	−0.005 98	−0.006 122	−0.004 87	−0.001 323	0.000 65
天津	0.000 458	−0.003 959	0.002 317	0.002 532	0.005 936
河北	0.027 197	0.040 975	0.011 582	0.040 94	0.023 112

省份及地区	2011 年	2012 年	2013 年	2014 年	2015 年
辽宁	−0.000 537	−0.017 086	−0.010 792	0.004 441	0.010 348
上海	−0.007 237	−0.007 105	0.000 506	−0.004 403	−0.006 049
江苏	−0.026 573	−0.028 635	−0.016 866	−0.003 998	−0.006 751
浙江	−0.010 969	−0.007 137	−0.013 892	−0.001 268	−0.006 031
福建	0.021 856	0.019 589	0.011 198	0.002 067	0.002 029
山东	−0.014 199	0.001 387	0.006 808	0.003 596	0.023 658
广东	0.002 024	−0.012 394	−0.007 395	0.012 787	0.011 277
海南	0.002 46	−0.000 278	0.006 723	0.002 744	0.004 627
东部平均值	**−0.001 045**	**−0.001 888**	**−0.001 335**	**0.005 283**	**0.005 71**
山西	0.041 525	0.033 089	0.018 578	0.006 924	0.015 49
吉林	−0.004 468	0.010 345	0.006 014	0.002 764	0.002 92
黑龙江	0.008 564	0.011 678	−0.002 567	0.004 831	0.005 771
安徽	0.033 69	0.031 402	0.032 486	0.024 472	0.006 152
江西	−0.006 284	0.003 944	0.007 443	−0.031 653	−0.033 23
河南	0.008 471	0.001 842	0.006 593	0.011 052	0.005 671
湖北	0.005 462	0.018 618	0.009 211	0.014 35	0.022 006
湖南	0.122 23	0.128 676	0.019 745	0.005 238	0.026 406
中部平均值	**0.026 149**	**0.029 949**	**0.012 188**	**0.004 747**	**0.006 398**
内蒙古	0.002 959	0.004 636	0.009 668	0.010 928	0.008 943
广西	0.030 675	0.031 337	0.003 783	0.007 851	−0.003 871
重庆	−0.004 188	0.001 839	0.007 362	−0.000 327	0.007 444
四川	−0.001 843	0.009 648	0.003 642	0.002 413	0.012 76
贵州	0.002 898	0.027 696	0.024 231	0.024 203	0.022 30

省份及地区	2011 年	2012 年	2013 年	2014 年	2015 年
云南	−0.001 546	−0.010 422	−0.017 449	0.011 828	0.023 77
西藏	—	—	−0.000 131	0.000 296	0.001 891
陕西	0.015 015	−0.001 836	−0.001 244	0.009 629	0.003 481
甘肃	−0.006 264	−0.000 789	−0.001 183	0.000 479	0.001 129
青海	0.002 172	0.004 084	0	0.000 34	−0.001 507
宁夏	0.002 077	0.002 687	0.002 328	−0.003 085	−0.002 556
新疆	0.019 539	0.014 361	−0.003 306	0.002 852	0
西部平均值	**0.005 124**	**0.006 937**	**0.002 308**	**0.005 617**	**0.006 148**
总体平均值	**0.008 361**	**0.009 744**	**0.003 565**	**0.005 274**	**0.006 057**

注："—"表示数据缺失,计算时以 0 代入公式,不影响泰尔指数的整体计算。

七、体育场地设施面积泰尔指数

　　如表 7 - 20 所示,从全国层面来看,2011—2015 年,我国体育场地设施面积泰尔指数总体平均值从 2011 年的 0.039 614 到 2015 年的 0.014 713,在波动中呈下降趋势,说明我国体育场地设施面积整体配置渐趋公平。关于体育场地设施面积泰尔指数,东部地区 11 个省份中,2011 年,河北、上海、江苏等 5 个省份为正值,北京、天津、辽宁等 6 个省份为负值;2015 年,北京、天津、福建均为正值,说明公平程度得到了改善;同时,2015 年江苏由正值变为负值,反映了其公平性程度变得更为不利。中部 8 个省份中,2011 年,3 个省份泰尔指数为负值;2015 年,湖北转为正值,湖南由正值转为负值。西部 12 个省份中,2011 年 3 个省份泰尔指数为负值,9 个为正值;2015 年,重庆、贵州、陕西、甘肃、宁夏、新疆等 9 个省份泰尔指数显示为负值,其公平性程度趋向于不利。表 7 - 20 的数据显示,在体育场地设施面积方面,2015 年,中部地区优势相对较大,其泰尔指数平均值为 0.007 187,西部地区处于较为不利的地位,其泰尔指数平均值为 −0.000 15。在东部地区,北京最具优势,其泰尔指数为 0.000 158,在中部地区,黑龙江最具优势,其泰尔指数为 0.000 62,在西部地区,广西最具优势,其泰尔指数为 0.005 108。

表 7－20　2011—2015 年我国体育场地设施面积泰尔指数

省份及地区	2011 年	2012 年	2013 年	2014 年	2015 年
北京	−0.001 076	−0.000 97	−0.000 639	−0.003 876	0.000 158
天津	−0.007 133	−0.007 232	−0.007 242	−0.001 937	0.001 196
河北	0.041 264	0.041 323	0.010 352	0.020 824	0.035 461
辽宁	−0.005 557	−0.005 593	0.000 331	0.002 679	−0.011 198
上海	0.017 269	0.017 48	0.000 105	0.004 145	0.009 474
江苏	0.044 431	0.044 228	0.045 072	0.027 221	−0.005 37
浙江	−0.003 256	−0.003 299	−0.002 00	0.013 334	−0.000 712
福建	−0.004 036	−0.004 02	0.016 272	0.016 805	0.007 245
山东	0.053 322	0.053 272	0.001 781	0.004 239	0.016 452
广东	0.069 768	0.070 068	0.038 79	0.063 874	0.033 515
海南	−0.000 337	−0.000 322	−0.001 659	−0.000 802	−0.001 781
东部平均值	**0.018 605**	**0.018 630**	**0.009 196**	**0.013 319**	**0.007 676**
山西	−0.012 26	−0.012 26	0.001 181	−0.002 863	−0.000 894
吉林	−0.005 396	−0.005 414	0.001 33	−0.000 346	−0.004 581
黑龙江	0.024 976	0.024 769	−0.002 391	0.002 865	0.000 62
安徽	0.026 629	0.026 528	0.009 295	0.028 839	0.023 003
江西	0.004 768	0.004 73	0.007 378	0.008 778	0.002 221
河南	0.020 978	0.020 791	0.012 211	0.038 534	0.028 341
湖北	−0.019 134	−0.019 133	0.012 011	0.013 211	0.011 434
湖南	0.029 302	0.029 35	0.010 988	0.006 605	−0.002 65
中部平均值	**0.008 733**	**0.008 670**	**0.006 50**	**0.011 953**	**0.007 187**
内蒙古	−0.001 368	−0.001 383	0.000 156	−0.019 796	−0.000 847
广西	0.024 306	0.024 4	−0.004 416	−0.005 299	0.005 108

省份及地区	2011 年	2012 年	2013 年	2014 年	2015 年
重庆	0.004 855	0.004 903	−0.002 555	−0.001 405	−0.006 04
四川	0.054 763	0.054 575	0.038 141	0.039 861	0.022 137
贵州	0.023 098	0.023 056	0.003 993	−0.000 606	−0.001 989
云南	0.024 001	0.024 02	0.013 6	0.015 661	0.006 802
西藏	−0.004 514	−0.004 552	−0.004 226	−0.003 183	−0.003 398
陕西	0.001 491	0.001 451	0.013 139	−0.002 129	−0.001 05
甘肃	0.007 756	0.007 754	−0.003 044	−0.005 863	−0.007 253
青海	−0.005 813	−0.005 826	−0.004 933	−0.004 904	−0.004 364
宁夏	0.000 04	0.000 055	−0.005 23	−0.004 695	−0.004 742
新疆	0.018 7	0.018 836	0.008 012	0.006 152	−0.006 162
西部平均值	**0.012 276**	**0.012 274**	**0.004 387**	**0.001 149**	**−0.000 15**
总体平均值	**0.039 614**	**0.039 575**	**0.020 084**	**0.026 421**	**0.014 713**

第四节　2011—2015 年我国公共
体育服务泰尔指数分析

一、2011 年我国公共体育服务泰尔指数分析

如表 7 - 21 所示,2011 年东部地区泰尔指数平均值仅有体育社会组织数、国民体质监测站点数、体育场地设施面积 3 个指标为正值,说明这 3 个指标在 2011 年处于有利地位。河北 7 个指标泰尔指数在 2011 年均为正值,说明河北整体上处于有利地位;东部地区所有省份的国民体质监测站点数泰尔指数在 2011 年均为正值,说明东部地区的国民体质监测站点数配置处于有利地位。从 7 个指标总体来看,仅有北京、天津、辽宁、浙江的泰尔指数为负值,说明这些省份处于不利地位的指标较多,不公平程度较深。

表 7 - 21　2011 年我国公共体育服务相关指标泰尔指数

省份及地区	地方财政预算支出	公共体育服务财政支出	体育社会组织数	社会体育指导员数	国民体质监测站点数	国民体质监测人数	体育场地设施面积	总体
北京	−0.005 515	−0.008 681	0.001 818	−0.003 633	0.001 791	−0.005 98	−0.001 076	−0.003 0
天津	−0.002 855	−0.005 52	−0.000 38	−0.000 702	0.002 186	0.000 458	−0.007 133	−0.002 0
河北	0.008 163	0.020 098	0.006 988	0.008 802	0.050 607	0.027 197	0.041 264	0.023 3
辽宁	−0.003 595	−0.001 397	−0.002 751	−0.005 752	0.014 02	−0.000 537	−0.005 557	−0.000 8
上海	−0.006 692	−0.010 784	0.003 387	−0.003 894	0.009 94	−0.007 237	0.017 269	0.000 3
江苏	−0.003 32	−0.006 556	0.013 033	−0.016 244	0.024 006	−0.026 573	0.044 431	0.004 1
浙江	−0.000 293	−0.005 846	−0.005 659	−0.015 487	0.004 944	−0.010 969	−0.003 256	−0.005 2
福建	0.001 9	−0.003 769	−0.002 413	−0.000 365	0.037 37	0.021 856	−0.004 036	0.007 2
山东	0.008 972	0.000 945	0.011 218	−0.004 965	0.046 144	−0.014 199	0.053 322	0.014 49
广东	0.002 705	−0.013 614	0.018 672	0.000 686	0.062 209	0.002 024	0.069 768	0.020 4
海南	−0.000 709	−0.000 898	0.001 167	0.003 329	0.004 369	0.002 46	−0.000 337	0.001 3
东部平均值	**−0.000 113**	**−0.003 275**	**0.004 098**	**−0.003 475**	**0.023 417**	**−0.001 045**	**0.018 605**	**0.005 5**
山西	0.000 585	0.002 802	−0.009 838	−0.003 214	−0.001 994	0.041 525	−0.012 26	0.002 5

续 表

省份及地区	地方财政预算支出	公共体育服务财政支出	体育社会组织数	社会体育指导员数	国民体质监测站点数	国民体质监测人数	体育场地设施面积	总体
吉林	−0.001 304	0.002 652	−0.004 962	0.004 232	0.003 873	−0.004 468	−0.005 396	−0.000 8
黑龙江	−0.000 646	0.000 386	0.001 14	0.013 776	0.018 095	0.008 564	0.024 976	0.009 5
安徽	0.004 315	0.016 121	0.004 391	0.007 976	0.076 932	0.033 69	0.026 629	0.024 3
江西	0.002 951	0.003 027	−0.001 359	0.010 82	0.015 931	−0.006 284	0.004 768	0.004 3
河南	0.012 908	0.032 875	0.020 223	0.026 103	0.052 175	0.008 471	0.020 978	0.024 8
湖北	0.004	0.003 871	0.001 568	0.000 669	0.030 254	0.005 462	−0.019 134	0.003 8
湖南	0.005 543	0.013 503	0.001 254	0.006 663	0.067 584	0.122 23	0.029 302	0.035 2
中部平均值	**0.003 544**	**0.009 405**	**0.001 552**	**0.008 378**	**0.032 856**	**0.026 149**	**0.008 733**	**0.012 9**
内蒙古	−0.004 458	0.000 231	−0.006 305	0.000 922	0.011 05	0.002 959	−0.001 368	0.000 4
广西	0.003 509	0.007 225	−0.013 205	−0.002 818	0.027 368	0.030 675	0.024 306	0.011 0
重庆	−0.002 281	−0.000 553	0.000 452	−0.000 08	0.021 965	−0.004 188	0.004 855	0.002 9
四川	0.004 565	0.009 386	−0.003 054	−0.002 186	0.064 843	−0.001 843	0.054 763	0.018 1
贵州	0.000 728	0.005 837	−0.001 299	0.002 533	0.034 063	0.002 898	0.023 098	0.009 7

续　表

省份及地区	地方财政预算支出	公共体育服务财政支出	体育社会组织数	社会体育指导员数	国民体质监测站点数	国民体质监测人数	体育场地设施面积	总体
云南	0.001 343	0.001 844	0.000 469	0.008 846	0.004 796	−0.001 546	0.024 001	0.005 7
西藏	−0.001 262	−0.000 977	−0.000 089	0.000 756	0.003 702	0	−0.004 514	−0.000 3
陕西	−0.001 502	0.001 379	0.001 721	0.002 338	0.041 164	0.015 015	0.001 491	0.008 8
甘肃	−0.000 081	0.003 968	−0.000 445	0.002 674	−0.030 356	−0.006 264	0.007 756	−0.003 2
青海	−0.001 658	0.003 492	0.001 511	0.001 148	0.001 964	0.002 172	−0.005 813	0.000 4
宁夏	−0.000 969	−0.000 56	−0.000 862	0.001 053	0.003 745	0.002 077	0.000 04	0.000 6
新疆	−0.002 877	0.000 977	0.002 164	0.005 791	0.022 849	0.019 539	0.018 7	0.001 0
西部平均值	**−0.000 412**	**0.002 687**	**−0.001 578**	**0.001 748**	**0.017 263**	**0.005 124**	**0.012 276**	**0**
总体平均值	**0.000 715**	**0.002 305**	**0.001 244**	**0.001 606**	**0.023 471**	**0.008 361**	**0.013 608**	**0.007 058**

2011年中部地区,7个指标的泰尔指数平均值均为正值,说明中部地区在2011年处于有利地位。其中,安徽、河南2个省份7个指标泰尔指数均为正值,说明这2个省份整体处于有利地位;中部地区所有省份的公共体育服务支出泰尔指数在2011年均为正值,说明中部地区的公共体育服务支出分配处于有利地位;从7个指标的总体来看,仅有吉林泰尔指数为负,说明该省处于不利地位的指标较多,不公平程度较深。

2011年西部地区,7个指标的泰尔指数平均值有2个为负值,分别是地方财政预算支出和体育社会组织,说明西部地区这2个指标在2011年处于不利地位。西部没有一个省份7个指标均为正值,说明没有一个省份整体处于有利地位;西部所有省份(除甘肃)的国民体质监测站点数泰尔指数在2011年均为正值,说明西部地区的国民体质监测站点数分配处于较有利地位;从7个指标总体来看,仅西藏、甘肃泰尔指数为负,说明这2个省份处于不利地位的指标较多,不公平程度较深。

二、2012 年我国公共体育服务泰尔指数分析

如表7-22所示,2012年我国东部地区7个指标泰尔指数平均值仅有3个为正值,分别是地方财政预算支出、体育社会组织数、体育场地设施面积,说明东部地区这3个指标在2012年处于有利地位。河北省2012年7个指标的泰尔指数均为正值,说明河北省整体处于有利地位。从7个指标总体来看,北京、天津、辽宁、上海、浙江的泰尔指数为负值,说明这些省份不利地位的指标较多,不公平程度较深。

2012年中部地区,7个指标的泰尔指数平均值均为正值,说明中部地区7个指标均处于有利地位。其中,安徽、河南、湖南的7个指标泰尔指数在2012年均为正值,说明这3个省份整体处于有利地位;中部地区所有省份的国民体质监测人数泰尔指数在2012年均为正值,说明中部地区的国民体质监测人数分配处于有利地位;从7个指标总体来看,中部地区所有省份泰尔指数都为正,说明这些省份处于不利地位的指标较少,不公平程度较弱。

2012年西部地区,7个指标的泰尔指数平均值有2个为负值,分别是地方财政预算支出和体育社会组织,说明西部地区这2个指标在2012年处于不利地位。贵州的7个指标泰尔指数均为正值,说明该省整体处于有利地位。从7个

表7-22 2012年我国公共体育服务相关指标泰尔指数

省份及地区	地方财政预算支出	公共体育服务财政支出	体育社会组织数	社会体育指导员数	国民体质监测站点数	国民体质监测人数	体育场地设施面积	总体
北京	−0.005 376	−0.009 429	0.002 051	−0.003 830	0.004 146	−0.006 122	−0.000 97	−0.003
天津	−0.002 94	−0.005 725	0.002 102	−0.002 606	−0.003 11	−0.003 959	−0.007 232	−0.003
河北	0.008 246	0.015 21	0.008 387	0.018 033	0.016 162	0.040 975	0.041 323	0.021
辽宁	−0.003 776	−0.005 934	−0.002 583	−0.018 478	−0.016 013	−0.017 086	−0.005 593	−0.010
上海	−0.006 083	−0.008 804	0.003 862	−0.002 209	−0.002 582	−0.007 105	0.017 48	−0.001
江苏	−0.002 796	−0.015 673	−0.001 325	0.018 386	−0.012 81	−0.028 635	0.044 228	0.000
浙江	0.000 802	−0.005 753	−0.005 701	−0.025 293	−0.026 483	−0.007 137	−0.003 299	−0.010
福建	0.001 615	−0.002 253	−0.002 947	0.004 091	0.015 615	0.019 589	−0.004 02	0.005
山东	0.008 292	0.003 85	0.011 375	0.002 502	−0.006 186	0.001 387	0.053 272	0.011
广东	0.004 483	−0.001 184	0.020 33	−0.017 608	0.013 574	−0.012 394	0.070 068	0.011
海南	−0.000 733	−0.001 128	−0.000 011	0.004 138	0.004 814	−0.000 278	−0.000 322	0.001
东部平均值	**0.000 158**	**−0.003 348**	**0.003 231**	**−0.002 079**	**−0.001 170**	**−0.001 888**	**0.018 630**	**0.002**
山西	0.000 463	0.005 032	−0.009 277	−0.003 998	0.021 357	0.033 089	−0.012 26	0.005

续 表

省份及地区	地方财政预算支出	公共体育服务财政支出	体育社会组织数	社会体育指导员数	国民体质监测站点数	国民体质监测人数	体育场地设施面积	总体
吉林	−0.001 083	0.001 404	−0.003 423	−0.008 841	0.005 732	0.010 345	−0.005 414	0.000
黑龙江	−0.000 487	0.002 422	0.002 573	0.007 763	0.021 766	0.011 678	0.024 769	0.010
安徽	0.003 553	0.015 819	0.002 923	0.028 693	0.039 281	0.031 402	0.026 528	0.021
江西	0.002 479	0.017 733	−0.000 401	0.012 345	−0.007 615	0.003 944	0.004 73	0.005
河南	0.012 168	0.030 919	0.003 624	0.006 477	0.011 388	0.001 842	0.020 791	0.012
湖北	0.003 738	−0.002 548	0.004 048	0.028 454	−0.001 224	0.018 618	−0.019 133	0.005
湖南	0.005 31	0.013 522	0.003 196	0.032 224	0.035 989	0.128 676	0.029 35	0.035
中部平均值	**0.003 268**	**0.010 538**	**0.000 408**	**0.012 890**	**0.015 834**	**0.029 949**	**0.008 670**	**0.012**
内蒙古	−0.004 398	−0.000 163	−0.006 342	−0.001 640	−0.001 168	0.004 636	−0.001 383	−0.001
广西	0.003 333	0.006 224	−0.012 594	0.032 305	0.000 788	0.031 337	0.024 4	0.012
重庆	−0.002 495	−0.000 82	0.002 084	0.006 929	0.005 522	0.001 839	0.004 903	0.003
四川	0.004 267	0.011 256	−0.002 103	0.011 178	0.019 159	0.009 648	0.054 575	0.015
贵州	0.000 061	0.002 805	0.015 615	0.004 882	0.006 609	0.027 696	0.023 056	0.012

续 表

省份及地区	地方财政预算支出	公共体育服务财政支出	体育社会组织数	社会体育指导员数	国民体质监测站点数	国民体质监测人数	体育场地设施面积	总体
云南	0.000 546	0.001 752	0.000 853	0.018 064	−0.002 86	−0.010 422	0.024 02	0.005
西藏	−0.001 297	−0.001 05	0.001 092	0.000 603	0.000 622	0	−0.004 552	−0.001
陕西	−0.001 302	0.004 232	0.000 671	0.004 389	0.001 436	−0.001 836	0.001 451	0.001
甘肃	−0.000 038	0.001 294	−0.001 146	−0.000 475	0.000 36	−0.000 789	0.007 754	0.001
青海	−0.001 724	0.003 368	0.000 499	0.000 894	0.003 583	0.004 084	−0.005 826	0.001
宁夏	−0.001 081	−0.000 91	−0.001 075	0.000 505	−0.000 282	0.002 687	0.000 055	0.000
新疆	−0.003 068	−0.001 077	0.000 944	0.006 028	0.012 928	0.014 361	0.018 836	0.007
西部平均值	**−0.000 600**	**0.002 243**	**−0.000 125**	**0.004 361**	**0.003 891**	**0.006 937**	**0.012 274**	**0.004**
总体平均值	**0.000 667**	**0.002 400**	**0.001 203**	**0.005 287**	**0.005 177**	**0.009 744**	**0.013 600**	**0.005 484**

指标总体来看,仅有内蒙古、西藏泰尔指数为负值,说明这2个省份处于不利地位的指标较多,不公平程度较深。

三、2013 年我国公共体育服务泰尔指数分析

如表 7-23 所示,2013 年,东部地区 7 个指标的泰尔指数平均值仅有 3 个为负值,分别是公共体育服务支出、国民体质监测站点数、国民体质监测人数,说明东部地区这 3 个指标在 2013 年处于不利地位。其中,河北 7 个指标的泰尔指数均为正值,说明河北整体处于有利地位。从 7 个指标总体来看,北京、天津、辽宁、上海、浙江、山东的泰尔指数为负值,说明这些省份处于不利地位的指标较多,不公平程度较深。

2013 年,中部地区 7 个指标的泰尔指数平均值均为正值,说明中部地区在 2013 年 7 个指标均处于有利地位。其中,安徽、河南、湖南的 7 个指标泰尔指数均为正值,说明这 3 个省份整体处于有利地位。中部地区所有省份的国民体质监测站点数泰尔指数在 2013 年均为正值,说明中部地区的国民体质监测站点数设置处于有利地位;从 7 个指标总体来看,中部所有省份泰尔指数均为正值,说明各个省份处于不利地位的指标较少,不公平程度较弱。

2013 年,西部地区 7 个指标的泰尔指数平均值有 2 个为负值,分别是地方财政预算支出和社会体育指导员数,说明西部地区这 2 个指标在 2013 年处于不利地位。四川的 7 个指标泰尔指数在 2013 年均为正值,说明该省份整体处于有利地位。从 7 个指标总体来看,西部地区西藏、甘肃、青海、宁夏泰尔指数为负值,说明这些省份处于不利地位的指标较多,不公平程度较深。

四、2014 年我国公共体育服务泰尔指数分析

如表 7-24 所示,2014 年,东部地区 7 个指标的泰尔指数平均值有 2 个为负值,分别是公共体育服务支出和国民体质监测站点数,说明东部地区这 2 个指标在 2014 年处于不利地位。东部没有一个省份 7 个指标泰尔指数均为正值,说明没有一个省份整体处于有利地位;没有一个指标在所有省份中均为正值,说明东部地区没有一个指标分配处于有利地位。从 7 个指标总体来看,东部地区 11 个省份泰尔指数均为负值,说明东部地区各省份处于不利地位的指标较多,不公平程度较深。

表7-23 2013年我国公共体育服务相关指标泰尔指数

省份及地区	地方财政预算支出	公共体育服务财政支出	体育社会组织数	社会体育指导员数	国民体质监测站点数	国民体质监测人数	体育场地设施面积	总体
北京	-0.005 446	-0.009 288	0.002 364	-0.010 063	-0.004 461	-0.004 87	-0.000 639	-0.005
天津	-0.003 174	-0.005 973	0.001 996	—	-0.001 587	0.002 317	-0.007 242	-0.002
河北	0.009 044	0.014 645	0.010 774	0.112 395	0.007 883	0.011 582	0.010 352	0.025
辽宁	-0.004 117	-0.001 012	0.001 465	-0.000 571	-0.004 303	-0.010 792	0.000 331	-0.003
上海	-0.005 824	-0.006 26	0.000 388	-0.015 714	0.002 921	0.000 506	0.000 105	-0.003
江苏	-0.002 694	-0.012 553	-0.011 292	0.181 892	-0.018 532	-0.016 866	0.045 072	0.024
浙江	0.000 469	-0.007 889	-0.007 26		-0.032 903	-0.013 892	-0.002 002	-0.009
福建	0.001 005	-0.014 365	-0.003 893		0.011 389	0.011 198	0.016 272	0.003
山东	0.007 839	0.014 346	-0.000 42	-0.039 77	0.005 256	0.006 808	0.001 781	-0.001
广东	0.003 81	0.009 961	0.022 448	0.004 32	0.014 25	-0.007 395	0.038 79	0.012
海南	-0.000 705	-0.000 657	0.000 182	0.002 255	0.001 689	0.006 723	-0.001 659	0.001
东部平均值	**1.881 82E-05**	**-0.001 731**	**0.001 523**	**0.029 343**	**-0.001 673**	**-0.001 335**	**0.009 196**	**0.005**
山西	0.000 662	0.004 451	-0.011 183	-0.015 37	0.015 074	0.018 578	0.001 181	0.002

续 表

省份及地区	地方财政预算支出	公共体育服务财政支出	体育社会组织数	社会体育指导员数	国民体质监测站点数	国民体质监测人数	体育场地设施面积	总体
吉林	−0.001 071	0.001 37	−0.001 68	−0.006 38	0.010 018	0.006 014	0.001 33	0.001
黑龙江	0.000 07	0.001 018	−0.002 407	—	0.012 081	−0.002 567	−0.002 391	0.001
安徽	0.003 921	0.011 684	0.002 316	—	0.037 124	0.032 486	0.009 295	0.014
江西	0.002 043	0.007 251	0.000 065	−0.001 644	0.001 346	0.007 443	0.007 378	0.003
河南	0.012 028	0.033 376	0.006 272	—	0.007 501	0.006 593	0.012 211	0.011
湖北	0.002 951	−0.000 627	0.002 908	0.033 435	0.002 069	0.009 211	0.012 011	0.009
湖南	0.004 961	0.011 791	0.005 362	0.016 654	0.023 247	0.019 745	0.010 988	0.013
中部平均值	**0.003 197**	**0.008 789**	**0.000 207**	**0.005 339**	**0.013 558**	**0.012 188**	**0.006 500**	**0.007**
内蒙古	−0.004 106	−0.002 789	−0.004 208	—	0.002 775	0.009 668	0.000 156	0.000
广西	0.003 962	0.006 844	0.006 33	—	0.010 047	0.003 783	−0.004 416	0.004
重庆	−0.001 469	0.001 708	0.003 784	−0.001 511	0.009 743	0.007 362	−0.002 555	0.002
四川	0.003 665	0.006 409	0.000 903	—	0.041 27	0.003 642	0.038 141	0.013
贵州	0.000 042	0.003 66	−0.000 023	—	0.023 719	0.024 231	0.003 993	0.008

续　表

省份及地区	地方财政预算支出	公共体育服务财政支出	体育社会组织数	社会体育指导员数	国民体质监测站点数	国民体质监测人数	体育场地设施面积	总体
云南	0.000 164	0.008 598	−0.002 387	—	0.001 213	−0.017 449	0.013 6	0.001
西藏	−0.001 303	−0.000 379	0.001 838	−0.000 164	0.000 192	−0.000 131	−0.004 226	−0.001
陕西	−0.001 172	0.001 743	0.000 274	−0.010 471	−0.002 223	−0.001 244	0.013 139	0.000
甘肃	−0.000 102	0.002 546	0.001 495	−0.009 257	0.000 02	−0.001 183	−0.003 044	−0.001
青海	−0.001 625	−0.000 536	−0.000 406	−0.002 876	0.000 423	0	−0.004 933	−0.001
宁夏	−0.000 98	−0.000 548	0.000 184	−0.004 146	−0.000 14	0.002 328	−0.005 23	−0.001
新疆	−0.003 101	−0.003 292	0.002 72	0.000 999	−0.004 116	−0.003 306	0.008 012	0.000
西部平均值	**−0.000 502**	**0.001 997**	**0.000 875**	**−0.003 918**	**0.006 91**	**0.002 308**	**0.004 387**	**0.002**
总体平均值	**0.000 637**	**0.002 427**	**0.000 933**	**0.011 701**	**0.005 580**	**0.003 565**	**0.006 639**	**0.003 871**

注："—"表示数据缺失，计算时以 0 带入公式，不影响泰尔指数的整体计算。

表 7 - 24 2014 年我国公共体育服务相关指标泰尔指数

省份及地区	地方财政预算支出	公共体育服务财政支出	体育社会组织数	社会体育指导员数	国民体质监测站点数	国民体质监测人数	体育场地设施面积	总体
北京	−0.005 461	−0.009 128	0.003 148	−0.003 413	−0.052 669	−0.001 323	−0.003 876	−0.010
天津	−0.003 364	−0.004 715	0.004 021	−0.001 902	−0.047 052	0.002 532	−0.001 937	−0.007
河北	0.009 5	0.013 338	0.013 112	0.015 032	−0.150 045	0.040 94	0.020 824	−0.005
辽宁	−0.002 783	0.000 615	−0.000 392	−0.001 771	−0.091 383	0.004 441	0.002 679	−0.013
上海	−0.005 883	−0.007 54	0.001 252	0.002 658	−0.059 594	−0.004 403	0.004 145	−0.010
江苏	−0.002 927	−0.010 75	−0.020 832	0.005 22	−0.128 291	−0.003 998	0.027 221	−0.019
浙江	0.000 217	−0.007 346	−0.008 003	0.002 64	−0.091 671	−0.001 268	0.013 334	−0.013
福建	0.001 063	−0.004 1	−0.004 602	0.018 359	−0.097 825	0.002 067	0.016 805	−0.010
山东	0.008 03	0.011 424	0.003 402	−0.017 228	−0.165 356	0.003 596	0.004 239	−0.022
广东	0.003 605	0.002 377	0.017 094	−0.006 094	−0.196 042	0.012 787	0.063 874	−0.015
海南	−0.000 72	−0.001 371	0.000 441	0.007 805	−0.027 506	0.002 744	−0.000 802	−0.003
东部平均值	**0.000 116**	**−0.001 563**	**0.000 786**	**0.001 937**	**−0.100 676**	**0.005 283**	**0.013 319**	**−0.012**
山西	0.001 332	0.001 845	0.001 542	0.002 431	−0.065 526	0.006 924	−0.002 863	−0.008

续　表

省份及地区	地方财政预算支出	公共体育服务财政支出	体育社会组织数	社会体育指导员数	国民体质监测站点数	国民体质监测人数	体育场地设施面积	总体
吉林	−0.000 964	0.001 376	−0.001 151	−0.004 057	−0.073 041	0.002 764	−0.000 346	−0.011
黑龙江	0.000 695	−0.001 002	0.003 087	0.005 977	−0.097 445	0.004 831	0.002 865	−0.012
安徽	0.004 123	0.018 296	0.001 137	0.007 546	−0.154 32	0.024 472	0.028 839	−0.010
江西	0.001 504	0.007 073	−0.000 499	−0.000 029	−0.099 06	−0.031 653	0.008 778	−0.016
河南	0.011 881	0.027 056	−0.008 658	−0.026 546	−0.177 769	0.011 052	0.038 534	−0.018
湖北	0.002 066	0.004 237	0.003 846	−0.014 074	−0.112 184	0.014 35	0.013 211	−0.013
湖南	0.005 191	0.009 671	0.006 598	0.029 125	−0.148 783	0.005 238	0.006 605	−0.012
中部平均值	**0.003 229**	**0.008 569**	**0.000 738**	**4.662 5E−05**	**−0.116 016**	**0.004 747**	**0.011 953**	**−0.012**
内蒙古	−0.003 917	−0.005 107	−0.003 719	−0.000 927	−0.067 895	0.010 928	−0.019 796	−0.013
广西	0.003 925	0.002 822	0.012 133	0.020 746	−0.112 624	0.007 851	−0.005 299	−0.010
重庆	−0.001 455	0.003 126	0.004 941	0.010 836	−0.082 362	−0.000 327	−0.001 405	−0.010
四川	0.003 305	0.006 057	0.001 818	0.036 14	−0.186 653	0.002 413	0.039 861	−0.014
贵州	−0.000 703	0.001 86	0.001 184	0.020 753	−0.097 189	0.024 203	−0.000 606	−0.007

续　表

省份及地区	地方财政预算支出	公共体育服务财政支出	体育社会组织数	社会体育指导员数	国民体质监测站点数	国民体质监测人数	体育场地设施面积	总体
云南	0.000 111	0.003 86	0.000 741	0.011 222	-0.108 345	0.011 828	0.015 661	-0.009
西藏	-0.001 388	-0.000 926	0.000 812	0.000 311	-0.010 903	0.000 296	-0.003 183	-0.002
陕西	-0.001 221	0.002 257	-0.000 32	-0.007 5	-0.081 784	0.009 629	-0.002 129	-0.012
甘肃	-0.000 278	-0.001 707	0.001 328	-0.004 283	-0.068 339	0.000 479	-0.005 863	-0.011
青海	-0.001 655	-0.001 453	-0.000 291	0.000 746	-0.020 809	0.000 34	-0.004 904	-0.004
宁夏	-0.000 983	-0.000 914	-0.001 664	-0.000 111	-0.020 991	-0.003 085	-0.004 695	-0.005
新疆	-0.003 078	-0.004 575	0.003 111	0.023 204	-0.057 163	0.002 852	0.006 152	-0.004
西部平均值	-0.000 611	0.000 442	0.001 673	0.009 262	-0.076 255	0.005 617	0.001 149	-0.008
总体平均值	0.000 638	0.001 828	0.001 117	0.004 284	-0.095 181	0.005 274	0.008 256	-0.010 581

2014年,中部地区7个指标的泰尔指数平均值仅有国民体质监测站点数为负值,说明中部地区在2014年有6个指标处于有利地位。没有省份7个指标泰尔指数均为正值,说明没有一个省份整体上处于有利地位。没有一个指标在所有省份泰尔指数中均为正值,说明中部地区没有一个指标分配处于有利地位。从7个指标总体来看,东部地区所有省份泰尔指数都为负,说明所有省份处于不利地位的指标较多,不公平程度较深。

2014年,西部地区7个指标的泰尔指数平均值有2个为负值,分别是地方财政预算支出和国民体质监测站点数,说明西部地区这2个指标在2014年处于不利地位。没有一个省份7个指标泰尔指数均为正值,说明没有一个省份处于有利地位;没有一个指标在所有省份泰尔指数中均为正值,说明西部地区没有一个指标分配处于有利地位。从7个指标总体来看,西部地区所有省份泰尔指数均为负,说明西部地区所有省份处于不利地位的指标较多,不公平程度较深。

五、2015年我国公共体育服务泰尔指数分析

如表7-25所示,2015年,东部地区7个指标泰尔指数平均值仅有3个为正值,分别是国民体质监测站点数、国民体质监测人数、体育场地设施面积,说明东部地区这3个指标2015年处于有利地位。其中,河北7个指标的泰尔指数均为正值,说明河北处于有利地位;没有一个指标的泰尔指数在所有省份中均为正值,说明东部地区没有一个指标在整体分配中均处于有利地位;从7个指标总体来看,东部地区北京、辽宁、上海、江苏、浙江的泰尔指数为负值,说明这些省份处于不利地位的指标较多,不公平程度较深。

2015年,中部地区7个指标的泰尔指数均值均为正值,说明中部地区2015年7个指标均处于有利地位。其中,安徽7个指标泰尔指数均为正值,说明该省整体处于有利地位;没有一个指标在所有省份泰尔指数中均为正值,说明中部地区没有一个指标分配在整体中处于有利地位;从7个指标总体来看,吉林、江西泰尔指数为负值,说明这2个省份处于不利地位的指标较多,不公平程度较深。

2015年,西部地区7个指标泰尔指数平均值有2个为负值,分别是地方财政预算支出和体育场地设施面积,说明西部地区这2个指标在2015年处于不

表7-25 2015年我国公共体育服务相关指标泰尔指数

省份及地区	地方财政预算支出	公共体育服务财政支出	体育社会组织数	社会体育指导员数	国民体质监测站点数	国民体质监测人数	体育场地设施面积	总体
北京	−0.006 1	−0.010 246	−0.001 056	−0.003 2	−0.010 406	0.000 65	0.000 158	−0.004
天津	−0.003 2	−0.003 853	0.001 777	−0.001 755	−0.003 427	0.005 936	0.001 196	0.000
河北	0.008 67	0.019 99	0.012 158	0.017 189	0.028 561	0.023 112	0.035 461	0.021
辽宁	0.000 969	−0.002 764	0.004 098	−0.003 999	−0.007 26	0.010 348	−0.011 198	−0.001
上海	−0.006 497	−0.005 046	0.001 275	−0.001 973	−0.004 828	−0.006 049	0.009 474	−0.002
江苏	−0.002 581	−0.011 421	−0.020 1	−0.019 976	0.013 531	−0.006 751	−0.005 37	−0.008
浙江	−0.001 578	−0.007 787	−0.009 121	0.004 491	−0.004 755	−0.006 031	−0.000 712	−0.004
福建	0.000 617	−0.006 765	−0.005 742	0.012 07	0.012 039	0.002 029	0.007 245	0.003
山东	0.008 398	0.006 843	−0.004 42	−0.011 049	−0.001 631	0.023 658	0.016 452	0.005
广东	−0.002 588	−0.002 68	0.015 306	−0.012 864	−0.014 079	0.011 277	0.033 515	0.004
海南	−0.000 622	−0.001 136	−0.000 323	0.004 558	—	0.004 627	−0.001 781	0.001
东部平均值	**−0.000 402**	**−0.002 261**	**−0.000 559**	**−0.001 501**	**0.000 775**	**0.005 710**	**0.007 676**	**0.001**
山西	0.001 861	0.003 488	−0.001 444	−0.000 838	0.005 896	0.015 486	−0.000 894	0.003

续 表

省份及地区	地方财政预算支出	公共体育服务财政支出	体育社会组织数	社会体育指导员数	国民体质监测站点数	国民体质监测人数	体育场地设施面积	总体
吉林	-0.000 554	0.000 292	0.000 732	0.001 01	-0.006 553	0.002 917	-0.004 581	-0.001
黑龙江	0.000 47	-0.000 466	-0.000 978	0.001 726	-0.008 818	0.005 771	0.000 62	0.000
安徽	0.004 897	0.016 885	0.000 405	0.003 093	0.015 835	0.006 152	0.023 003	0.010
江西	0.001 829	0.006 399	-0.002 493	0.007 061	0.006 801	-0.033 226	0.002 221	-0.002
河南	0.012 752	0.035 318	0.004 229	-0.011 238	-0.016 354	0.005 671	0.028 341	0.008
湖北	0.000 841	0.005 966	0.003 09	-0.008 056	0.007 567	0.022 006	0.011 434	0.006
湖南	0.005 612	0.009 13	0.008 535	0.032 735	0.028 32	0.026 406	-0.002 65	0.015
中部平均值	**0.003 464**	**0.009 627**	**0.001 510**	**0.003 187**	**0.004 087**	**0.006 398**	**0.007 187**	**0.005**
内蒙古	-0.003 458	-0.004 173	-0.003 554	-0.002 387	0.006 094	0.008 943	-0.000 847	0.000
广西	0.003 912	0.000 879	0.008 455	0.010 429	0.000 836	-0.003 871	0.005 108	0.004
重庆	-0.001 304	0.000 816	0.004 339	0.007 003	0.008 069	0.007 444	-0.006 04	0.003
四川	0.004 738	0.004 455	0.003 209	0.018 569	0.065 957	0.012 756	0.022 137	0.019
贵州	-0.000 196	0.001 287	0.000 368	0.008 239	—	0.022 303	-0.001 989	0.004

续 表

省份及地区	地方财政预算支出	公共体育服务财政支出	体育社会组织数	社会体育指导员数	国民体质监测站点数	国民体质监测人数	体育场地设施面积	总体
云南	0.001 478	0.004 498	0.003 659	0.013 37	0.003 481	0.023 769	0.006 802	0.008
西藏	−0.001 394	−0.001 277	0.001 716	0.000 733	—	0.001 891	−0.003 398	0.000
陕西	−0.000 61	0.002 068	0.005 293	0.000 869	−0.015 473	0.003 481	−0.001 05	−0.001
甘肃	−0.000 304	0.004 918	0.001 193	−0.002 038	—	0.001 129	−0.007 253	0.000
青海	−0.001 591	−0.001 186	−0.001 385	0.000 425	0.001 524	−0.001 507	−0.004 364	−0.001
宁夏	−0.000 933	−0.000 585	−0.000 516	0.000 864	−0.000 649	−0.002 556	−0.004 742	−0.001
新疆	−0.002 881	−0.001 046	0.003 536	0.008 952	—	0	−0.006 162	0.000
西部平均值	**−0.000 212**	**0.000 888**	**0.002 193**	**0.005 419**	**0.008 73**	**0.006 148**	**−0.000 150**	**0.003**
总体平均值	**0.000 666**	**0.002 026**	**0.001 040**	**0.002 388**	**0.004 241**	**0.006 057**	**0.004 521**	**0.002 871**

注:"—"表示数据缺失,计算时以 0 带入公式,不影响泰尔指数的整体计算。

利地位。其中,四川、云南 7 个指标的泰尔指数均为正值,说明这 2 个省份整体处于有利地位;但是没有一个指标在西部所有省份中均为正值,说明西部地区没有一个指标在整体分配中处于有利地位;从 7 个指标总体来看,泰尔指数为负的省份有陕西、青海、宁夏,说明这些省份处于不利地位的指标较多,不公平程度较深。

六、2011—2015 年公共体育服务综合层面泰尔指数

从综合层面来看,2014 年,31 个省份 7 个指标总体均呈现负值,说明 2014 年各地不公平性较为严重。

2011—2015 年东部地区泰尔指数平均值均为正值的指标是体育场地设施面积,均为负值的指标是公共体育服务财政支出;河北除 2014 年以外,其余年份的所有指标均为正值;7 个指标五年总体均呈现为负值的省份有北京、辽宁、浙江。

2011—2015 年中部地区 7 个指标泰尔指数平均值基本为正值(除 2014 年国民体质监测站点数为负值),安徽除 2014 年以外所有指标均为正值;7 个指标总体呈现负值的是吉林(仅出现在 2011 年、2014 年和 2015 年)。

2011—2015 年西部地区泰尔指数平均值均为正值的指标是公共体育服务财政支出和国民体质监测人数,均为负值的指标是地方财政预算支出;四川在 2013 年和 2015 年所有指标均为正值;7 个指标总体呈现负值的是西藏(除 2015 年)。

七、基于泰尔指数分解的组间及组内差异统计分析

泰尔指数具有可分解性,这是为了分析出组间差异和组内差异对总差异的贡献情况。表 7 - 26、图 7 - 1 显示了 2011—2015 年我国各地区公共体育服务泰尔指数分解后的情况。

表 7 - 26　2011—2015 年我国各地区公共体育服务泰尔指数计算结果分布

年份	东部地区	中部地区	西部地区	区域内部	区域之间	总差异	区域内贡献率	区域间贡献率
2011	0.031 9	0.045 4	0.078 1	0.007 6	0.003 9	0.011 6	0.659 0	0.341 0
2012	0.048 4	0.042 3	0.046 6	0.005 6	0.002 8	0.008 4	0.670 8	0.329 2

续　表

年份	东部地区	中部地区	西部地区	区域内部	区域之间	总差异	区域内贡献率	区域间贡献率
2013	0.083 4	0.006 4	0.033 1	0.004 5	0.002 5	0.007 0	0.647 4	0.352 6
2014	0.027 2	0.056 9	0.042 8	−0.008 2	−0.004 4	−0.012 7	0.649 4	0.350 6
2015	0.031 9	0.024 5	−0.044 9	0.003 3	0.001 6	0.004 9	0.676 5	0.323 5

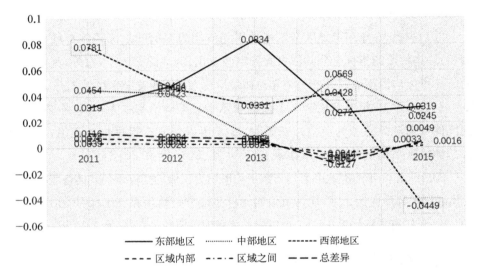

图 7 - 1　2011—2015 年我国公共体育服务泰尔指数变化趋势

从地方政府一般预算支出泰尔指数的地区分解来看(见表 7 - 27),2011—2015 年区域内差异占地区差异比重(区域内贡献率)的数值一直在 0.65~0.68 之间徘徊,波动幅度不大,但一直大于区域间贡献率,说明区域内差异是一般预算支出不公平的主要致因。2014—2015 年间,西部地区泰尔指数远大于东部和中部地区,说明西部地区省份间一般预算支出存在较大的不公平现象。

从波动趋势来看(见图 7 - 2):东部地区在 2012—2014 年经历了大幅上涨和大幅下降,但 2014—2015 年又回归平稳,说明东部地区内部的不均衡性状态逐步改善,西部地区一直呈现上升趋势,2015 年达到五年间的最高值,说明西部地区省份之间的不公平现象越来越严重,中部地区的均衡状况较稳定。

表 7‑27　2011—2015 年我国地方政府一般预算支出泰尔指数结果分布

年份	东部地区	中部地区	西部地区	区域内部	区域之间	总差异	区域内贡献率	区域间贡献率
2011	0.011 4	−0.019 7	0.005 5	0.001 7	0.000 9	0.002 6	0.659 0	0.341 0
2012	0.010 6	−0.019 9	0.019 57	0.001 8	0.000 8	0.002 6	0.678 4	0.321 6
2013	0.104 4	−0.020 5	0.071 2	0.001 6	0.000 9	0.002 5	0.652 2	0.347 8
2014	0.010 5	−0.020 5	0.070 4	0.001 6	0.000 9	0.002 5	0.650 3	0.349 7
2015	0.010 9	−0.020 1	0.071 9	0.001 5	0.000 7	0.002 3	0.671 2	0.328 8

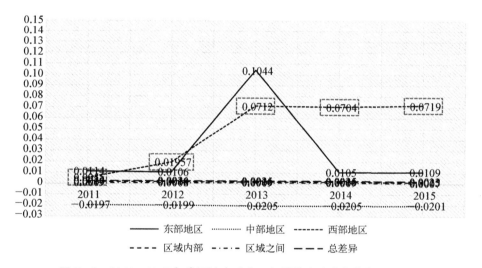

图 7‑2　2011—2015 年我国地方政府一般预算支出泰尔指数变化趋势

从公共体育服务财政支出泰尔指数的地区分解看(见表 7‑28),区域内泰尔指数大于区域间泰尔指数,说明区域内各省份的不均等是造成体育经费投入配置公平性较低的主要因素。东部地区泰尔指数大于中部和西部地区,说明东部地区内部省份之间的公共体育服务经费投入存在着较大的不公平现象。

从波动趋势上看(见图 7‑3):中部和西部地区较平稳,东部波动较大。从总体上看,西部地区的泰尔指数数值最小,说明西部区域内各省份间公共体育服务经费投入配置相对公平。东部地区泰尔指数值最大,说明东部区域内各省份间公共体育服务经费支出配置公平性较差。

表 7 - 28　2011—2015 年我国公共体育服务财政支出泰尔指数结果分布

年份	东部 地区	中部 地区	西部 地区	区域 内部	区域 之间	总差异	区域内 贡献率	区域间 贡献率
2011	0.027 8	0.009 2	0.005 2	0.003 0	0.001 2	0.004 2	0.721 2	0.278 8
2012	0.025 7	0.013 5	0.005 6	0.004 9	−0.000 3	0.004 6	1.072 4	−0.072 4
2013	0.037 2	0.009 6	0.005 6	0.003 8	0.001 8	0.005 6	0.679 3	0.320 7
2014	0.024 1	0.008 2	0.007 7	0.003 1	0.001 4	0.004 6	0.682 7	0.317 3
2015	0.025 1	0.010 6	0.005 6	0.003 2	0.001 4	0.004 6	0.695 7	0.304 3

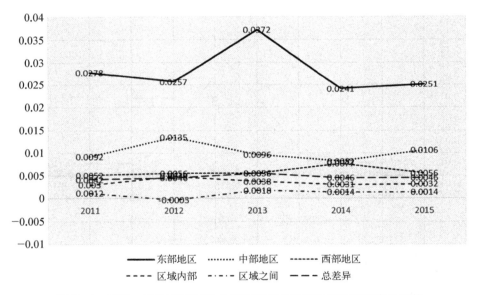

图 7 - 3　2011—2015 年我国公共体育服务财政支出泰尔指数变化趋势

从体育社会组织数泰尔指数的地区分解来看(见表 7 - 29),2011—2015 年间,除 2012 年以外,区域内泰尔指数均大于区域间泰尔指数,说明区域内各省份不均等是造成体育社会组织配置公平性较低的主要因素。

从波动趋势上看(见图 7 - 4):东部地区一直呈现上升的情况,而中部地区整体呈现下降的趋势,说明东部地区内部的不均衡状况在进一步恶化,中部地区内部的不均衡状况在不断改善。从总体上看,西部地区虽有大幅波动的过程,但是波动过后呈下降的趋势，说明西部地区内部的不均衡状况也在逐渐改善。

表 7 - 29　2011—2015 年我国体育社会组织数泰尔指数结果分布

年份	东部地区	中部地区	西部地区	区域内部	区域之间	总差异	区域内贡献率	区域间贡献率
2011	0.009 3	0.013 4	0.009 0	0.002 3	0.001 5	0.003 8	0.595 1	0.404 9
2012	0.009 3	0.006 9	0.017 3	0.000 7	0.002 0	0.002 8	0.268 8	0.731 2
2013	0.015 8	0.009 4	0.004 9	0.001 4	0.000 8	0.002 2	0.628 2	0.371 8
2014	0.022 3	0.003 2	0.007 2	0.001 0	0.000 5	0.001 5	0.655 9	0.344 1
2015	0.023 0	0.002 1	0.006 2	0.001 1	0.000 5	0.001 6	0.709 0	0.291 0

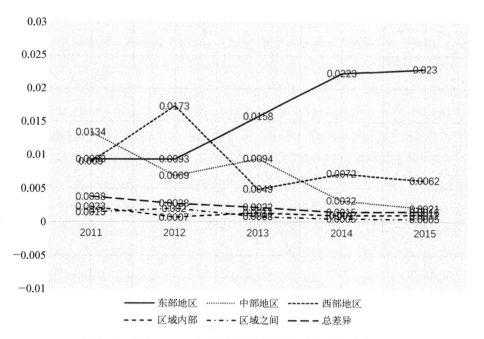

图 7 - 4　2011—2015 年我国体育社会组织泰尔指数变化趋势

从社会体育指导员数泰尔指数的地区分解来看（见表 7 - 30），区域内泰尔指数大于区域间泰尔指数，说明区域内各省份的不均等依然是造成社会体育指导员数配置公平性较低的主要因素。

从波动趋势上看(见图7-5):东部地区在2012—2014年经历了大幅波动后趋于平稳,且呈现小幅下降趋势。从总体上看,东部地区经历了大幅上升和下降的过程,中、西部两个地区波动幅度较小,且2014年后东部、中部、西部三个地区的数值差异在逐渐减小,说明三个地区内部的不平衡状态都在逐步改善。

表7-30　2011—2015年我国社会体育指导员泰尔指数结果分布

年份	东部地区	中部地区	西部地区	区域内部	区域之间	总差异	区域内贡献率	区域间贡献率
2011	0.014 3	0.010 9	0.005 0	0.001 5	0.000 4	0.002 0	0.779 3	0.220 7
2012	0.053 4	0.046 9	0.020 5	0.006 8	0.000 1	0.007 0	0.978 9	0.021 1
2013	0.280 6	−0.003 9	−0.035 6	0.008 8	0.006 1	0.014 9	0.591 6	0.408 4
2014	0.026 8	0.035 7	0.053 7	0.002 7	0.001 0	0.003 6	0.736 4	0.263 6
2015	0.024 7	0.022 2	0.011 4	0.001 7	0.000 2	0.001 6	0.859 8	0.140 2

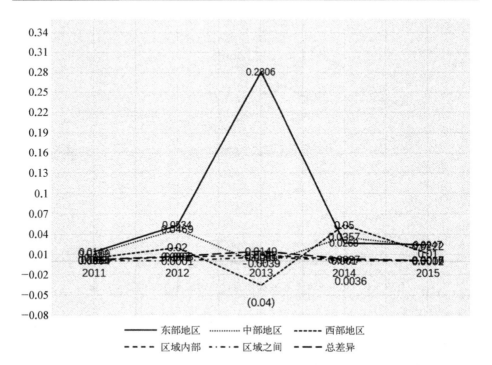

图7-5　2011—2015年我国社会体育指导员数泰尔指数变化趋势

从国民体质监测站点数泰尔指数的地区分解来看(见表7-31),区域内泰尔指数大于区域间泰尔指数(除2014年均为负值),说明区域内各省份的不均等是造成国民体质监测站点配置公平性较低的主要因素。

从波动趋势上看(见图7-6):西部地区波动幅度较大,且整体是减少趋势,说明西部地区内部的不均衡状况在不断改善,国民体质监测点的配置公平性在不断提高,东部和中部地区波动较小。从总体上来看,最低值和最高值分

表7-31　2011—2015年我国国民体质监测站点数泰尔指数结果分布

年份	东部地区	中部地区	西部地区	区域内部	区域之间	总差异	区域内贡献率	区域间贡献率
2011	0.044 5	0.085 6	0.332 6	0.022 6	0.012 0	0.034 6	0.653 6	0.346 4
2012	0.056 9	0.053 6	0.014 0	0.006 4	0.000 1	0.006 5	0.984 0	0.016 0
2013	0.062 8	0.024 6	0.034 1	0.005 4	0.002 2	0.007 7	0.710 6	0.289 4
2014	0.038 5	0.061 2	0.030 9	−0.081 2	−0.043 5	−0.124 7	0.651 5	0.348 5
2015	0.071 1	0.026 3	−0.233 9	0.004 2	0.001 8	0.006 0	0.701 8	0.298 2

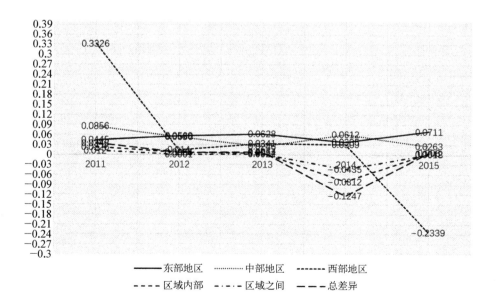

图7-6　2011—2015年我国国民体质监测站点泰尔指数变化趋势

别出现在西部地区的 2011 年和 2015 年,说明下降幅度明显,资源配置的公平性改善的速度较快。

从国民体质监测人数泰尔指数的地区分解来看(见表 7-32),区域内泰尔指数依然超过区域间泰尔指数,说明区域内各省份不均等是造成国民体质监测人数配置公平性较低的主要因素。

从波动趋势来看(图 7-7):中部地区小幅下降接着大幅上升,随后又大幅下降,东部和西部地区整体呈下降趋势,说明东部和西部地区省份之间国民

表 7-32　2011—2015 年我国国民体质监测人数泰尔指数结果分布

年份	东部地区	中部地区	西部地区	区域内部	区域之间	总差异	区域内贡献率	区域间贡献率
2011	0.049 1	0.141 9	0.152 2	0.007 0	0.003 0	0.010 0	0.701 0	0.299 0
2012	0.063 6	0.123 1	0.049 9	0.011 8	−0.000 1	0.011 7	1.010 0	−0.009 9
2013	0.028 8	0.021 3	0.036 4	0.002 6	0.001 0	0.003 6	0.721 6	0.278 4
2014	0.025 4	0.289 9	0.025 6	0.004 8	0.002 6	0.007 4	0.651 40	0.348 6
2015	0.027 2	0.111 1	−0.229 9	0.005 6	0.002 9	0.008 5	0.655 6	0.344 4

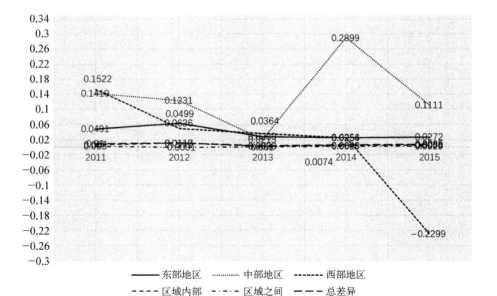

图 7-7　2011—2015 年我国国民体质监测人数泰尔指数变化趋势

体质监测人数配置公平性在逐渐改善。从总体上看,泰尔指数最高值出现于2014年的中部地区,且中部地区的曲线多位于东部和西部的上方,表明中部区域内各个省份之间的国民体质监测资源配置相对于西部和东部地区存在更大不公平性。

从体育场地设施面积泰尔指数的地区分解来看(见表7-33),除2012年以外,区域内泰尔指数均大于区域间的泰尔指数,说明区域内各省份的不均等是造成体育场地设施面积配置公平性较低的主要因素。

从波动趋势上看(见图7-8):东部、中部、西部地区都有明显波动的过程,且整体是逐渐下降的趋势,说明三个地区内各省份之间体育场地设施面积配置公平性在不断提高,最高值出现在2012年的西部地区。从整体上看,西部地区高于东部地区,东部地区高于中部地区,说明中部地区各省份间的资源配置相对较公平,虽然东部、西部较中部地区高,但是也有明显的下降趋势,说明东部和西部区域内各省份之间的不均衡状态在逐渐改善。

表 7-33 2011—2015 年我国体育场地设施面积泰尔指数结果分布

年份	东部地区	中部地区	西部地区	区域内部	区域之间	总差异	区域内贡献率	区域间贡献率
2011	0.066 8	0.076 1	0.037 4	0.015 7	0.008 6	0.023 8	0.638 5	0.361 5
2012	0.119 1	0.071 8	0.199 5	0.010 5	0.013 2	0.023 7	0.443 3	0.556 7
2013	0.053 9	0.004 2	0.114 8	0.007 9	0.004 4	0.012 3	0.641 9	0.358 1
2014	0.042 6	0.021 2	0.104 3	0.010 5	0.006 0	0.016 5	0.635 7	0.364 3
2015	0.041 5	0.019 4	0.054 1	0.006 3	0.003 6	0.010 0	0.636 2	0.363 8

从表7-34中可以看出,我国公共体育服务资源配置地区差异明显,地方财政预算支出的泰尔指数最大值(0.002 6)出现在2011、2012年,最小值(0.002 3)出现在2015年,平均值为0.002 5;公共体育服务财政支出的泰尔指数最大值(0.005 6)出现在2013年,最小值(0.004 2)出现在2011年,平均值为0.004 7;体育社会组织数泰尔指数最大值(0.003 8)出现在2011年,最小值(0.001 5)出现在2014年,平均值为0.002 4;社会体育指导员数泰尔指数最大值(0.014 9)出

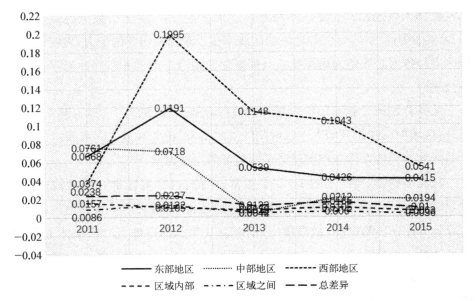

图 7‑8　2011—2015 年我国体育场地设施面积泰尔指数变化趋势

现在 2013 年,最小值(0.001 6)出现在 2015 年,平均值为 0.005 8;国民体质监测人数泰尔指数最大值(0.011 7)出现在 2012 年,最小值(0.003 6)出现在 2013 年;平均值为 0.008 2;国民体质监测站点泰尔指数最大值(0.034 6)出现在 2011 年,最小值(—0.124 7)出现在 2014 年,平均值为—0.014 0;人均体育场地设施面积泰尔指数最大值(0.023 8)出现在 2011 年,最小值(0.010 0)出现在 2015 年,平均值为 0.017 2。从各项指标的泰尔指数均值比较中可以发现,泰尔指数均值为 0.002 4 的体育社会组织数,配置的公平性最好,详细排名见表 7‑35。

表 7‑34　2011—2015 年我国公共体育服务不同指标泰尔指数分析

年份	地方财政一般预算支出	公共体育服务财政支出	体育社会组织数	社会体育指导员数	国民体质监测人数	国民体质监测站点数	人均场地设施面积	综合
2011	0.002 6	0.004 2	0.003 8	0.002 0	0.010 0	0.034 6	0.023 8	0.011 6
2012	0.002 6	0.004 6	0.002 8	0.007 0	0.011 7	0.006 5	0.023 7	0.008 4
2013	0.002 5	0.005 6	0.002 2	0.014 9	0.003 6	0.007 7	0.012 3	0.007 0

续　表

年份	地方财政一般预算支出	公共体育服务财政支出	体育社会组织数	社会体育指导员数	国民体质监测人数	国民体质监测站点数	人均场地设施面积	综合
2014	0.002 5	0.004 6	0.001 5	0.003 6	0.007 4	−0.124 7	0.016 5	−0.012 7
2015	0.002 3	0.004 6	0.001 6	0.001 6	0.008 5	0.006 0	0.010 0	0.004 9
平均值	**0.002 5**	**0.004 7**	**0.002 4**	**0.005 8**	**0.008 2**	**−0.014 0**	**0.017 2**	**0.003 8**

表 7 - 35　2011—2015 年我国公共体育服务资源配置各项指标的公平性排序

指　标	泰尔指数数值	泰尔指数排序
地方财政一般预算支出	0.002 5	2
公共体育服务财政支出	0.004 7	3
社会体育指导员数	0.005 8	4
体育社会组织数	0.002 4	1
国民体质监测站点数	−0.014 0	7
国民体质监测人数	0.008 2	5
人均场地设施面积	0.017 2	6

第八章
我国公共体育服务财政投入优化策略

本书主要对我国公共财政投入和体育财政体制的变迁进行纵向梳理，针对我国政府在体育财政投入中的事权和财权关系进行分析，归纳和总结出我国公共体育服务财政投入的主要特征，在此基础上，根据公共体育服务财政投入（规模、结构、效率与均等化）存在的问题，提出优化财政投入的系列对策。

第一节　我国公共体育服务
财政投入总体状况

本书通过对我国 31 个省份 2011—2015 年公共体育服务财政投入相关指标的数据分析，推断得出我国公共体育服务财政投入总体状况如下。

第一，2011—2015 年人均体育事业支出中，经济相对发达地区如北京、江苏、上海、山东，人均体育事业经费支出排在全国前列，河南、安徽人口大省以及宁夏、青海经济欠发达省份的人均体育事业经费支出排在全国靠后的位置。

第二，2011 年人均体育事业支出东部最高，西部次之，中部最低。随后，2012—2015 年各个区域的人均体育事业支出均有所变化，但依然没有改变东强中弱的态势。2015 年我国区域体育事业支出依然是东部最高，但西部、中部地区人均体育事业经费支出并未呈现出逐渐提高的态势，中部甚至出现了2011 年以来的最低值。

第三,东部、中部规模效率平均值分小于相应的技术效率值,这说明要重视财政投入的规模经济性,加大两个地区的支出规模。西部地区财政支出规模效率值略高于纯技术效率,表明在重视提高经营管理水平的同时,仍然需要进一步加大财政投入力度。

第四,2011—2015 年我国 31 个省份公共体育服务产出不足的现象比较普遍,在投入改进的基础上需要注意产出指标存在的改进空间。其中,国民体质监测人数、人均场地设施面积和社会体育指导员人数改进空间是产出指标的重点领域。

第五,2011—2015 年我国 31 个省间公共体育服务综合效率变化值离散程度较大,稳定性较差。技术变化和全要素生产率变化离散程度也较大,稳定性存在不足;31 个省份公共体育服务财政纯技术效率变化和规模效率变化离散程度相较于其他指标较小,稳定性较好。

第六,我国公共体育服务财政效率的影响因素中,财政分权情况、人均GDP 与公共体育服务财政效率呈正相关,但在统计检验上不存在显著性;同时,人口密度和大专及以上文化程度人口占比与公共体育服务财政效率呈负相关,仅大专及以上文化程度人口占比与公共体育服务财政效率相关性在统计检验上具有显著性。

第七,我国公共体育服务财政支出效率这几年总体呈现增长趋势,并且发展速度很快,2011—2015 年我国公共体育服务全要素生产率得以改善,多数省份公共体育服务财政支出全要素生产率变动主要受技术进步的影响,全要素生产率总体上处于较高水平。

第八,我国公共体育服务各项指标的泰尔指数均值表明,体育社会组织泰尔指数均值最低,配置的公平性最好,而国民体质监测站点数配置的公平性最差。

第二节　我国公共体育服务
财政投入优化策略

一、转变政府行政理念,树立服务型政府的新思想

首先,政府要充分重视公共体育服务事业发展的各项工作。各级政府体育部门要把公共体育服务体系建设作为政府的重要职责,并把推动公共体育

服务发展纳入各级政府工作的重要议事日程,要把公共体育服务的财政保障作为建设服务型政府的重要任务,把公共体育服务财政投入建设资金纳入财政预算、纳入国民经济和社会发展规划、纳入政府工作报告、纳入各级政府民生项目中,优化配置资源,提高财政资金的使用效率,把包含群众体育在内的公共体育服务数量和质量指标纳入干部政绩考核体系中,强化公共体育服务在政府发展评估中的地位,确保政府体育发展职能向公共体育服务转变。

其次,打破城乡发展不平衡。城乡体育的发展不均衡主要归咎于社会和经济发展中以城市为中心的价值取向。城乡均衡发展是现代社会发展的必然要求,也是社会主义制度的本质要求。因此,有必要打破长期的城市偏差价值观和政府体育公共财政支出的城市优先政策选择取向。

最后,树立差异化公平观。促使每个成员平等地获得公共体育服务机会和资源。同时,体育公共财政支出应重点照顾那些在经济社会和文化方面处于不利地位的阶层和社会成员。体育资源的必要补偿要向弱势人群倾斜,最终让所有社会成员都能平等地享受体育公共服务。

二、完善我国公共体育服务财政保障制度

首先,健全公共体育服务法律保障体系。我国体育财政支出结构改革较为复杂,规模大且内容杂,要更好地协调不同级别政府的体育财政支出,需要良好的体系制度作为保障。例如,进一步完善和更新《体育法》《全民健身条例》等法律制度,规范体育财政资金的收支制度,不断提高体育财政支出的运行效率,实现政府职能与责任的协调运行。根据公共体育产品的属性,公共体育产品和具有国家和民族特色的准公共产品,应由中央政府承担财政支出,各级地方政府主要负责各自管辖范围内的公共服务与产品。

其次,完善公共体育服务保障机制。加强政府部门之间财政资源的协调,防止多重政府和财务管理重叠。体育基金的分配和使用应当公开透明,定期向公众开放,并受社会群众和媒体的监督。同时,建立政府与群众交流的平台,听取群众建议,让群众真心实意地参与决策,公示公共体育服务的公共财政信息,提高公共体育服务支出的透明度。对公共体育服务的财务绩效进行评价,以绩效为核心,完善相关指标体系,通过定量和定性分析,对财政资金使用过程中的单位产出水平进行综合评价,提高效率。

再次,完善财税激励措施,充分调动社会力量参与提供公共体育服务的积极性,向机构、企业和事业单位、学校等的体育设施提供财政补贴,向非营利性公共体育场馆、提供体育服务的社会资本实施税收优惠,对非营利性社会福利体育团体和俱乐部的体育服务收入予以减税。

最后,创设公共体育服务财政监督体系。政府需要在实际操作中注重体育投入的绩效管理,按需配置体育资源,促进体育资源合理配置,以实现政府体育服务的公共化和均等化发展。建立科学有效的金融监管机制,最大限度地提高财政资金的使用效率,监督从预算编制到执行的每一步,建立科学合理的财政支出监督制度,促进体育财政监督体系的高效运行。

三、调整公共体育服务财政投入结构

2022年,我国进入全面建设社会主义现代化国家、向第二个百年奋斗目标进军新征程的重要一年,国家的经济结构也在进行相应的调整,民生服务日益成为政府发展的重心,群众体育的发展要抓住这一有利时期,顺应国际体育大众化与社会化的浪潮,将群众体育作为体育事业发展的重心,调整和优化体育事业公共财政支出结构。

第一,各级政府应充分重视群众体育事业的发展,要像重视教育、科技、医疗卫生等公共服务一样在财政拨款时优先考虑安排,加大群众体育财政投入力度,提升群众体育财政投入总体规模,改变目前体育事业中群众体育事业费比例过小、增长过慢的状况。

第二,完善体育工作绩效评估机制。重新制定体育行政部门绩效考核机制,提高群众体育指标体系的考核权重,让各级体育部门跳出金牌至上和以竞技体育政治成绩为重的思维框架,将工作重心由政绩体育转向民生体育,促使群众体育优先发展的战略贯彻落实到各级政府及体育行政部门的实际工作当中去。

第三,加强群众体育财政管理。完善群众体育财政管理体制,加强政府相关部门之间群众体育投入资金的统筹协调,防止出现政出多门及资金切块管理等现象。

第四,协调竞技体育与群众体育发展。虽然国家已颁布《全民健身条例》,但是重视全民健身、发展群众体育在一定程度上还只是停留在宣传口号上,从

体育财政支出角度看,相关举措并未能在实际中得到有效的落实。在政府的体育财政支出中,竞技体育实际上占用了大部分体育事业支出。调整体育财政支出结构,提高群众体育支出在体育事业财政支出结构中的比重,促使我国群众体育和竞技体育协调发展,就必须平衡竞技体育与群众体育的各项体育资源要素配置,优化公共体育事业整体的资源配置结构。

第五,促进区域体育协调发展。区域体育事业协调发展是我国由体育大国向体育强国迈进的重要举措,为实现体育强国的战略目标,政府在体育政策上理应加强宏观调控,在体育事业财政投入上应对中、西部公共体育服务事业做针对性的调整,促使中、西部体育事业的增长速度稳步提高。国家与东部经济发达地区应加大对中、西部体育事业发展的援助,同时,中、西部地区自身也要制定相关的人才引进政策与福利政策,引进优秀的体育人才,以逐步缩小与全国总体体育事业发展的差距,促进区域体育事业协调发展。

四、拓展公共体育服务财政经费来源

首先,加大体育财政投入的力度。目前,我国体育事业财政资金的来源主要是基于国家和地方财政拨款,整体资金来源较狭窄,特别是地方资金来源受到当地社会经济发展水平的制约,在地方财政收入紧缺的情况下,分配给下一级地方体育管理部门的财政拨款就相对较少。为了更好地发展体育事业,促进公共体育服务的均等化与普及化,政府应该增加公共体育支出占 GDP 的比重,发展公共体育服务实体经济。在发展公共体育服务事业的过程中,让相关的公共体育服务事业为实体经济产业链服务,促使体育产业与体育事业的融合,创造一定的社会经济效益和价值,扩宽体育资金的来源渠道。

其次,拓宽公共体育服务财政投融资手段。不仅要扩大体育财政总供给,还应开拓多种实现路径,建立一个多元化的融资结构体系,发挥政府和市场对资源配置的综合作用,充分发挥体育对社会、经济发展的积极效益。例如,除依靠体育产业的经营收入、体育彩票发行收入外,通过积极开发体育彩票新品种及发放相关的体育证券等多种市场筹资方式,缓解体育财政总体投入不足的局面。

再次,广泛利用资本市场融资的方式。体育基金是利益分享和风险分担的集体投资方式,它由基金托管人管理,基金投资者既享受投资收益也承担损失风险。可以开发各种体育金融基金,如体育彩票救助基金、体育产业基金试点,以吸引各种体育发展资金投入,并将体育资金部分纳入基金管理,提高财务投入的效率。

最后,创新体育资源整合渠道。建立以政府投资为导向、以企业投入为主体,吸引社会资本和外资的多渠道、多元化投资体系。[①] 优化体育资源,共享配置结构,加强开放共享区域体育创新资源市场化配置,强化政府配置体育创新资源的指导地位,促进企业成为创新体育资源配置的主体,大力打造市场化、社会化和网络化技术中介服务体系。

五、优化财政转移支付模式

目前我国各省内部转移支付制度不完善,应加快地方政府转移支付的制度建设,实现以省对市、对县的纵向转移支付为主、各市、县间横向转移支付为辅的支付模式,平衡省内各级政府的财力及公共体育服务供给能力,仅仅依靠中央政府的纵向转移支付实现区域间公共体育服务均等化是有一定难度的。在我国,东、中、西部省份之间历来有对口支援的传统,东部地区的发展水平高于全国平均水准,因此东部地区有能力、有条件、有义务支援偏远贫穷落后地区,促进我国区域间的公共体育服务均等化发展。

首先,提高一般性转移支付规模和比例。一般性转移支付是现行财政转移支付制度中最能体现转移支付均等化作用的转移支付手段,有助于减少地区间的财力差异和完善转移支付增长机制。

其次,大力清理、整合和规范专项转移支付。在合理界定中央与地方事权的基础上,严格控制引导类、救济类、应急类专项转移支付,属地方事务的划入一般性转移支付,使地方政府自身的可支配财力逐渐提高。

最后,重点帮助和解决县级政府财力不足的问题,同时增加偏远地区专项转移支付,减少配套资金的相关要求,统筹规划,建立规范、透明、科学合理的分配机制和长效机制,提高财政运行的透明度和社会的参与度,提高公共体育服务资金使用的效率。

---

① 戚湧,张明,李太生.基于 Malmquist 指数的江苏创新资源整合共享效率评价[J].中国软科学,2013(10):101-110.

参考文献

[1] 曹晶.英国公共体育服务体系的运行机制研究[D].成都：成都体育学院,2015.

[2] 陈丛刊,卢文云,陈宁.英国公共体育服务供给体系建设的经验与启示[J].成都体育学院学报,2012,38(01)：28-32.

[3] 褚谨.新疆城乡基本公共服务均等化问题与对策研究[D].乌鲁木齐：新疆大学,2017.

[4] 侯海波.德国大众体育发展现状及成功经验探析[J].山东体育科技,2014,36(03)：95-99.

[5] 花楷,兰自力,刘志云.我国体育公共服务财政投入现状、问题与对策[J].天津体育学院学报,2014,29(06)：473-477+495.

[6] 花楷,兰自力,刘志云.我国体育公共服务财政投入现状、问题与对策[J].天津体育学院学报,2014,29(06)：473-477+495.

[7] 黄永平.坚持办人民群众满意的体育[N].中国体育报,2017-09-11(007).

[8] 江亮.论我国社会体育发展的条件[D].合肥：安徽师范大学,2005.

[9] 李丽,杨小龙,兰自力,曹秀玲.我国群众体育公共财政投入研究[J].首都体育学院学报,2015,27(03)：196-201.

[10] 李丽,杨小龙.论我国体育事业财政制度的变迁[J].体育文化导刊,2012(11)：84-87.

[11] 李丽,张林.体育公共服务：体育事业发展对公共财政保障的需求

[J].体育科学,2010,30(06):53-58+80.

[12] 李丽,张林.体育事业公共财政支出研究[J].体育科学,2010,30(12):22-28.

[13] 李丽.张林.民生财政视域下的民生体育发展研究[J].体育科学,2013,33(05):3-12.

[14] 李燕领,王家宏,邱鹏,等.我国体育事业财政支出:规模、结构与空间效应[J].中国体育科技,2018,54(06):20-28+36.

[15] 刘芳.中外公共体育服务体系构建比较研究[J].山东体育科技,2015,37(01):26-30.

[16] 刘雪松,刘蕊,袁春梅.东京奥运会前后日本群众体育发展研究[J].成都体育学院学报,2009,35(08):21-24.

[17] 刘雪松,刘蕊,袁春梅.东京奥运会前后日本群众体育发展研究[J].成都体育学院学报,2009,35(08):21-24.

[18] 刘玉.体育公共服务市场化改革——发达国家经验及借鉴[J].北京体育大学学报,2012,35(11):6-10.

[19] 穆瑞杰.我国公共体育服务体系的多元化建设与实证研究[M].北京:中国商业出版社,2017.

[20] 农业部 国家体育总局关于进一步加强农民体育工作的指导意见[J].农民科技培训,2018(02):44-47.

[21] 戚湧,张明,李太生.基于 Malmquist 指数的江苏创新资源整合共享效率评价[J].中国软科学,2013(10):101-110.

[22] 邵伟钰,王家宏.中国公共体育服务财政投入研究[J].成都体育学院学报,2015,41(03):36-40.

[23] 隋路.国家意愿与体育经济政策的形成[J].体育学刊,2005(04):4-7.

[24] 孙绪华,陈诗波,程国强.基于 Malmquist 指数的国有科技资源配置效率监测及其影响因素分析[J].中国科技论坛,2011(03):21-27.

[25] 涂斌.公共文化服务体系财政投入:规模、结构与效率——一个理论研究综述[J].当代经济,2011(24):86-87.

[26] 汪 颖,李桂华.澳大利亚新一轮体育改革特点及其启示[J].体育文化导刊,2016(09):20-23+43.

［27］王家宏.我国公共体育服务体系研究［M］.苏州大学出版社,2016.

［28］王晓波.澳大利亚的群众体育政策及其启示［J］.体育文化导刊,2014(05)：24－27.

［29］王雁.甘肃省财政支出研析：规模、结构与绩效评价［D］.兰州：兰州大学,2011.

［30］王银梅;朱耘婵.基于面板数据的地方政府公共文化支出效率研究［J］.经济问题,2015,(6)：35－40.

［31］王占坤.浙江省公共体育服务体系建设研究［D］.福州：福建师范大学,2015.

［32］王占坤.浙江省公共体育服务体系建设研究［D］.福州：福建师范大学,2015.

［33］韦启程,牛森.中日澳大众体育管理体制模式的比较研究［J］.山东体育科技,2005(03)：52－54.

［34］吴惠.泰兴市城乡体育公共服务均等化研究［D］.扬州：扬州大学,2017.

［35］谢叶寿.美国政府购买公共体育服务的经验与启示［J］.南京体育学院学报（自然科学版）,2017,16(03)：6－11.

［36］徐士韦.澳大利亚大众体育政策的演进述析［J］.沈阳体育学院学报,2016,35(06)：6－13.

［37］严雅娜.基本公共服务均等化的财政对策研究［D］.太原：山西财经大学,2017.

［38］杨桦,陈宁,刘建和.改革开放以来中国体育发展战略的演进与思考［J］.成都体育学院学报,2002(03)：1－7.

［39］杨林,韩科技.基于 DEA 模型的地方公共文化财政支出绩效评价——以青岛市为例［J］.经济与管理评论,2015,31(02)：71－76.

［40］杨叶红,方新普.中国、美国、德国财政制度模式与体育体制的比较［J］.成都体育学院学报,2011,37(03)：6－10.

［41］于海龙,李秉龙.中国乳业的全要素生产率及影响因素分析——基于 DEA－Tobit 模型分析［J］.西安财经学院学报,2012,25(05)：33－38.

［42］于星煜,唐竟坤,王凯文.基于 DEA 模型的新能源汽车企业环保投资

效率评价研究[J].时代经贸,2019(01):40-42.

[43] 余平.体育财政投入的效率研究[J].武汉体育学院学报,2010,44(10):50-53+58.

[44] 俞丽萍.体育公共服务均等化的财政分析[J].体育文化导刊,2012(07):9-12+17.

[45] 袁春梅,杨依坤.我国体育公共服务资源配置均等化水平的实证研究——基于泰尔指数的分析[J].武汉体育学院学报,2014,48(02):21-26.

[46] 袁春梅.我国体育公共服务效率评价与影响因素实证研究[J].体育科学,2014,34(04):3-10.

[47] 曾争,董科,钟璞.我国省域体育公共服务的技术效率及其影响因素研究[J].武汉体育学院学报,2015,49(07):30-35.

[48] 张靖卓.我国公共服务均等化的区域差异研究[D].天津:天津商业大学,2014.

[49] 赵卿.财政支出视角下贵州省基本公共服务均等化问题研究[D].贵阳:贵州大学,2017.

[50] 邳伟勇.公共体育服务供给模式研究[D].泰安:山东农业大学,2013.

[51] 周宝砚,吕外.英国政府购买公共服务特点及启示[J].中国政府采购,2014(11):72-74.

[52] 周东华,兰自力.我国公共体育服务财政政策法规发展脉络、执行现状及对策研究[J].山东体育学院学报,2017,33(06):31-36.

[53] 周晓军.德国体育场馆管理模式的特点及其启示[J].南京体育学院学报(社会科学版),2011,25(04):33-36.

索　引

后 记

随着社会经济快速发展，公共体育服务供给正日益成为人民美好生活需求的重要组成部分。健康中国和全民健身上升为国家战略，为体育发展提供了新机遇，满足了广大人民群众对健康更高层次的需求。《体育强国建设纲要》强调以人民为中心发展体育，不断增进人民的体育福祉。同时，我国公共体育服务事业发展迅速，各项公共体育服务事业投入不断加大，特别是中央和地方政府财政投入规模不断加大，我国公共体育服务事业呈现欣欣向荣的态势。但是，我国体育财政管理机制不完善、管理体系不健全、投入结构不合理、财政资金使用不明确等问题也日渐凸显，在一定程度上影响了公共体育服务事业发展。在全面分析与评价我国公共体育服务财政投入情况的基础上，笔者主要对我国 2011—2015 年公共体育服务财政投入的规模、结构、效率与均等化情况进行系统研究，力求全面客观分析并把握我国公共体育服务财政投入状况。

正是经过了大量的前期调研和理论研究，才有了 2018 年江苏省教育厅重点项目（编号：2018JSZD199）最终研究报告，正是在这份报告基础上整理撰写了本书。研究报告是各位课题组成员精诚合作、辛勤劳动的见证，作为课题组负责人，在书稿付梓出版之际，我谨以后记的方式对在本项目的申报、研究及成果出版中给予帮助的领导和课题组成员表示诚挚的感谢！课题组成员中，我的硕士研究生邱鹏、柳畅、张新奥、毛立梅、孟琪等积极参与了资料的收集、整理以及调研等；最终成果的整理、统稿由我、邱鹏、张新奥等共同完成。

经过两年多的酝酿和修改,本书终于得以出版。感谢众多老师、同事提出的建议,感谢众多朋友的无私帮助,感谢那些素未谋面的文献作者们,他们的研究成果是本书撰写能够顺利推进的重要支持。

当然,公共体育服务财政投入涉及领域较广,内容众多,研究思路和视野难免与快速发展的现实存在差距,然置身其中备感欣喜,因能够吸取学养,获取智慧,然受研究水平所限,不足之处难免,敬请广大读者批评指正!

李燕领

2021 年 10 月于苏州